中国客车行业发展论坛

2020 中国客车学术论文集

ZHONGGUO KECHE XUESHU LUNWENJI

中国公路学会客车分会 主编

人民交通出版社股份有限公司
北京

内 容 提 要

本论文集收录了中国客车行业发展论坛 2020 年中国客车学术年会所发表的论文,可供客车行业广大技术人员和管理人员,从事汽车工程的研究、设计、生产和管理方面的科技人员,高等院校车辆工程、载运工具运用工程、汽车服务工程和交通运输等专业师生,以及客运部门、维修企业的有关技术和管理人员参考。

图书在版编目(CIP)数据

中国客车学术论文集. 2020 / 中国公路学会客车分会主编. — 北京：人民交通出版社股份有限公司,2021.2
 ISBN 978-7-114-17037-9

Ⅰ.①中⋯ Ⅱ.①中⋯ Ⅲ.①客车—汽车工业—技术发展—中国—2020—学术会议—文集 Ⅳ.①U469.1-12

中国版本图书馆 CIP 数据核字(2021)第 019393 号

Zhongguo Keche Xueshu Lunwenji(2020)

书　　名：	中国客车学术论文集(2020)
著　作　者：	中国公路学会客车分会
责任编辑：	刘　博　林宇峰
责任校对：	赵媛媛
责任印制：	张　凯
出版发行：	人民交通出版社股份有限公司
地　　址：	(100011)北京市朝阳区安定门外外馆斜街 3 号
网　　址：	http://www.ccpcl.com.cn
销售电话：	(010)59757973
总　经　销：	人民交通出版社股份有限公司发行部
经　　销：	各地新华书店
印　　刷：	北京虎彩文化传播有限公司
开　　本：	880×1230　1/16
印　　张：	13.5
字　　数：	404 千
版　　次：	2021 年 2 月　第 1 版
印　　次：	2021 年 2 月　第 1 次印刷
书　　号：	ISBN 978-7-114-17037-9
定　　价：	80.00 元

(有印刷、装订质量问题的图书由本公司负责调换)

目 录

产品开发与技术发展

客车厂研发中心流程体系建设研究 ··· 黎 洁(3)
某纯电动物流车整车性能参数匹配与建模仿真分析
································· 俞 超,李 阳,田建国,刘忠明,高顺来,李式兵(7)
浅谈某商用车柴油机国六排放控制技术 ···························· 谢婉晨,储楼桂(19)
浅谈新能源公交车外饰件"6mm"尺寸工程可行性 ············ 程回东,郭福祥(22)

新能源客车与节能减排

不同连接方式对锂电池直流内阻测试结果的影响分析 ······ 韩裕汴,张景斐,刘保能,苏 毅(27)
纯电动客车噪声分析与优化 ······ 赵 松,魏长河,张文辉,王海龙,韩瑞静,刘继红(31)
电动客车的绝缘电阻及影响因素分析 ············ 马爱国,王洪军,田 海,凌 添(37)
基于JAVA的电池溯源数据筛选平台的设计与实现 ············ 王 昆,李式兵,田 鹏,王庆灿(46)
某轻型客车风阻系数优化对经济性改进分析 ············ 杨情操,袁刘凯,沈 香,高宏亮,过轶闻(49)
新能源智慧公交系统的快速充电技术研究 ············ 徐冬美,戴立伟,张密科(54)

车身结构与安全技术

电动客车静电危害及预防措施分析 ············ 白梦阳,王洪军,马爱国,武云龙(63)
基于Hyper mesh的校车车身骨架有限元分析 ············ 孟庆书,田建国,刘忠明,翁福建,高顺来(70)
物流车氢燃料系统的框架结构有限元分析及优化 ············ 刘忠明,孟庆书,田建国,高顺来,翁福建(77)
一种电动客车油泵双回路供电的转换器总成及其控制策略研究
································· 刘 敏,范佩金,黄 洋,陈明菲(85)
有限元分析在某城市纯电动客车轻量化设计中的应用 ············ 李 兵,王满光,叶 陈(90)

客车底盘与总成开发

电动管柱液压助力转向系统无动作升温问题的研究 ············ 秦 宬,梁丰收,盛 君,陈晓波(103)
基于RAMSIS仿真的驾驶员人机工程校核方法研究 ············ 赵 龙,宋喜辉,高 祥,田祎楠(109)
基于CATIA的客车转向系统运动校核 ············ 赵文阔,李文建,任 鹏,倪晓鹤,张国海(115)
立式导向臂结构空气悬架抗纵倾能力影响因素分析 ············ 冯春华(121)
柔性模块化客车座椅扶手一体结构设计 ············ 倪荣跃,倪晓鹤,韩裕汴(125)
悬架阻尼和刚度对车身垂向运动的影响分析 ············ 孟红芹,徐冬美(128)
一种新能源纯电动公交客车双排桁架后悬车架设计 ············ 徐建威,袁良明(135)
转向管柱万向节锁紧机构松脱的故障分析及解决措施研究 ············ 秦 宬,王秋芳,盛 君,王洪军(144)

客车电气与车身附件

电动客车发动机模拟器辐射超标机理分析与整改 …………… 王洪军,马爱国,武云龙,白梦阳(153)
多路定时启动模块设计 ……………………………………………… 刘 敏,汤永华,黄 洋,陈明菲(163)
基于 Flow Simulation 的客车空调流场分析
　　…………………………… 代 园,朱长春,叶 陈,陈明菲,侯明玉,陈 亮,王子豪(166)
一种电动客车智能车载屏的应用简介 ……………………………… 刘 敏,黄 洋,陈明菲,刘 坤(173)
一种新能源纯电动公交车智能车载卫生间设计 …………………………… 刘 坤,袁良明,黄 洋(177)

制造工艺与质量管理

客车侧围分块铝蒙皮制造工艺及返修工艺的研究 ……………………………………… 毛金保(183)
双芯屏蔽线与继电器接线方式的改进研究 ……………………………………………… 袁 铮(190)

法规标准与产品认证

《营运车辆自动紧急制动性能要求和测试规程》(JT/T 1242—2019)与《商用车辆自动
　　紧急制动系统(AEBS)性能要求及试验方法》(GB/T 38186—2019)中自动紧急制动
　　系统(AEBS)测试规程对比分析 ……………………………………………………… 吴 攀(195)
基于 FIR 低通差分器的 LDWS 偏离车速研究 ……………………………… 杨 刚,钟 欣,彭 冲(198)

客车检测与实验技术

车道线边缘检测仿真研究 ……………………………………………………………… 蔡鹏飞(207)

产品开发与技术发展

客车厂研发中心流程体系建设研究

黎 洁

(上汽集团商用车技术中心,上海 201108)

摘 要:本文通过某客车厂研发中心在流程体系建设上的研究和实践,提出了基于质量管理体系采用流程管理的方式进行流程体系建设的总体方法,并通过流程体系的有效运行和监督支撑企业战略的实现。

关键词:质量管理体系;流程管理;企业战略

0 引言

随着市场竞争的日趋激烈及客户要求等环境的日益变化,企业组织间沟通和合作越来越复杂,工作流程的畅通性、有效性越来越影响企业的运营成本和效率,因此如何使流程体系成为提高运营效率或实现战略的工具成为企业关注的重点。质量管理体系能系统上规划出以客户和企业战略为中心的流程体系,其过程方法和戴明环(PDCA)思维能保证流程接口问题及可追溯性,但由于其指导上的普适性且只聚焦运营管理的质量方面,导致流程对同一业务活动的描述不够顺畅。有些企业引入流程再造(BPR)理论进行流程管理,而BPR更多的是关注流程本身的管理和优化,不能解决流程之间的接口问题且监督和可追溯性难以保障,难以保证运转的效率和成果。据此,本文通过对某客车厂研发中心在流程体系建设的研究与实践,利用质量体系及流程管理的理论分析流程管理存在的问题提出流程体系建设的总体方法,搭建了研发中心的流程体系,使组织真正建立与公司快速发展相契合的流程体系,通过其的有效运行支撑了企业战略的实现。

1 基于质量管理体系采用流程管理的方式搭建流程体系

汽车行业质量管理体系于2016年10月发布了IATF 16949:2016新标准,它新增"组织环境"要素作为体系的基础,突出了基于风险思维和PDCA循环的过程方法,其核心思想是过程管理。作为一个追求持续成功的组织,需了解和持续监视对组织具有重要影响的内部和外部因素,要求企业基于组织环境及客户等相关方,确定企业战略、明确企业目标、识别过程、搭建流程形成记录,以实现客户满意,改进业务流程的效率,最终获取利润创造价值。

流程是指一组共同给客户创造价值的相互关联的活动进程,它通过有序协作为客户创造价值,重视效率和效果。流程管理是为确保所管理的流程面向企业目标,使每个流程的每个活动都成为实现企业目标的一部分,在这个基础上实现流程活动的合理规划、维持、管控、增值和优化,最终实现流程的跨部门、跨企业,甚至跨行业的协作。

IATF 16949作为汽车行业最具权威且最广泛使用的国际标准,它要求组织的质量管理体系与业务流程予以整合与统一,而流程管理能够为其提供基础工作方式及方法。因此我们可将两者结合,即在质量管理体系的理论基础上建立以客户和企业目标为导向的流程体系,明确企业各业务、流程之间相互关系,利用流程管理的方式管理流程,使一切业务的运作都建立在以公司整体利益为基础的前提之下,从而提升组织整体的运行效率。

2 客车厂研发中心流程管理的现状及问题

某客车整车厂在行业里是规范化管理较早的企业,其研发中心部门分为项目管理、整车开发、动力系统等4个子部门,2017年初,研发中心从单体企业部门发展为集团企业分支,流程体系管理的问题也显著表现出,主要有以下3个问题。

2.1 整体性不足,缺乏体系化管理

研发中心的流程以整车厂 ISO 9001 体系流程为依托,按职能做流程分工,文件大部分是以子部门的角度制定,缺乏对部门及公司的整体考虑,也没有专门的组织对跨部门跨业务流程整合,造成了文件之间可能存在冲突,而流程理论体系要求企业的流程从"客户需求"起到"满足客户需求"止,均需达到企业的整体状况最优。因此研发中心急需一个整体系统性的规划,在企业层面上进行流程体系建设。

2.2 流程跟不上变化

随着客户不断变化的需求与期望,技术三化一体、嵌入式软件等的发展,以及在实际业务发生变化或存在冲突时,相关体系文件制度并没有变化,这样导致流程管理与实际业务运作脱节。

2.3 流程执行和完善状况

现有流程管理重点放在流程文件的编制,在流程的推动、执行、实施、监控和检查等方面的关注较低,对流程的管理往往做不到闭环处理,问题解决的效率低。

3 流程体系建设与管理

3.1 明确流程体系建设的目标和方向,作为流程规划的依据

根据分析的流程管理现状及问题,研发中心建立了以 IATF 16949 体系为基础的系统化管理思路、加强流程闭环管理及协作的流程体系建设管理原则。通过对公司、研发中心的客户等组织环境的分析,即在客车行业软件等技术竞争日益激烈的市场环境下、客车客户点单常态化及交车时间周期更短的趋势下,研发中心制定5个目标以应对整车厂从提升成本竞争力和提高市场占有率两方面提升客户满意度的战略。其中建立快速响应的产品开发体系就是流程体系工作中直接承接公司战略的目标,如图3-1所示。

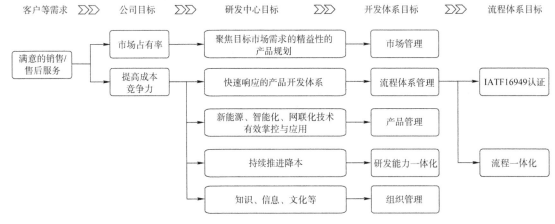

图3-1 研发中心战略目标分解图

作为研发中心除需同整车厂共同完成 IATF 16949:2016 的体系认证目标外,同时作为集团公司的分中心,还需与集团进行研发能力一体化,建立统一的流程、标准等体系模式,在研发资源上实现协同和共享,以节约人力和系统成本,更快提升产品开发质量和研发能力。因此,我们在进行快速响应产品开发体系的目标策划时,明确了在满足 IATF 16949:2016 的要求下同步实现流程等研发能力一体化的流程体系目标。

3.2 流程规划

流程规划是将流程实现从"零碎"到"系统性"的管理,从"无序"到"有序"管理的过程。

3.2.1 流程分级分层，形成流程清单

流程分级是将流程从端到端分解细化到具体操作的活动过程，分级后的子流程将服务于总流程。一个好的产品交付，需通过连贯的不同活动间端（客户需求）到端（客户满意）的管理来满足客户要求。研发中心根据 IATF 16949 及部门职能，识别出产品开发、订单实施、设计、评审、验证确认、问题处理、更改 7 个主要过程，并通过分析客户、输入输出关系识别出 3 个可覆盖并满足客户要求的过程：①从客户端将客户需求通过产品开发过程将客户需求实现；②将客户提供的机会、线索通过订单交付过程将产品服务提供给客户；③对客户的问题和需求通过问题解决的过程将客户反馈问题关闭。故我们先确认产品开发、订单实施、问题解决这 3 个过程对应的流程（一级流程）是否建立完整，据此确认的过程中可同时识别出支撑一级流程的 9 个二级流程及可共享集团的 4 个信息系统资源，以保证一级流程在各部门中的有序协作，完成一级过程的工作目标。如：PDT 流程可解决项目开发过程中的（跨）部门的合作问题；变更流程可在项目变更、设计变更时确保变更的有序、有利；同理，梳理出识别出支撑二级流程的三级甚至四级流程，将结果整理成流程清单（表3-1），最后将流程清单按流程客户的最大职能管理者，将所有一级、二级、三级流程划分为公司质量体系、内控管理、内部指导三个层级进行管理，最终形成研发中心完整的流程体系架构。

通过对流程的分级分层，可以清晰看出各类流程及其相互关系，使企业部门职能和岗位职责全面展现出来，使流程架构更系统、清晰。

研发中心流程分级清单　　　　　　　表3-1

级别	过程						
	开发	订单	设计	评审	验证确认	问题处理	更改
一级流程	产品开发★	订单实施★				问题处理流程★	
二级流程	会议制度	合同评审	DFMEA★	设计评审	试验工作		工程更改★
	PDI★		文件管理		试制工作		
三级流程	……	……	……	……	……	……	……
信息系统			PDM、基础数据维护、知识库系统			PQCP系统	工程更改系统

3.2.2 重要度评估，识别核心过程

核心流程是集成了各种核心竞争力评估出的对组织最终输出作最大贡献的流程，研发中心在从客户满意度、流程有效性、效率、成本等指标上对流程进行重要性评估，识别出以客户满意为目标，对实现公司战略和目标起关键作用的 6 个核心流程（见表 3-1 中标★流程）。通过梳理出的核心价值流程，可把有限的精力集中转化为最大的价值。

3.2.3 明确流程责任人

根据流程客户及部门职责确定流程职能部门，准确地任命流程责任人并且明确流程管理的职责，让流程所有者把流程真正管理起来，让流程更高效运行。

3.2.4 流程体系建设思路

流程体系建设遵循流程战略、流程设计优化、流程实施和流程督导的理论，并且循环往复不断进行。流程战略的制定是以企业的发展战略为基础，将战略指标分解为一系列流程目标，通过流程实施实现企业战略的落地。在企业流程战略指引下进行业务流程的梳理、设计和优化。通过对流程运行状况评估和流程绩效监控实现对流程执行情况进行实时监控。根据流程执行结果反过来指导业务流程设计。

3.3　流程体系建设步骤

基于流程规划的战略、方向及思路，可依次按以下步骤进行流程体系建设：

（1）识别并确定流程体系所需的过程及其顺序和相互作用（即以上评估的流程清单），并形成文件；文件编制时需遵行 IATF 16949 的文件编制基本准则：确保过程的有效运行和控制所需的准则和方法；确保可以

获得必要的资源和信息;监视、测量和分析这些过程;采取必要的措施,实现过程策划的结果和对过程的持续改进。

(2)对已有的流程进行梳理、评估,确认流程各环节是否存在风险或障碍,通过客户反馈、绩效评价、现场巡视等方法评估现有流程存在的问题,然后分析问题和寻找改善机会,为流程优化工作提供依据和方向。

(3)根据梳理评估时发现的问题讨论并确定完善(流程改进和优化)方案。我们在确定客户需求后可减少流程中非增值活动,保留和增加增值活动以满足客户需求。流程优化总体上要遵循ESEIA方法,即清除(Eliminate)、简化(Simplify)、增加(Establish)、整合(Integrate)、自动化(Automate)。如可在流程角色上减少协作方;流程活动上评判风险和价值,确定是否可减少或优化活动;在流程关系上,可将串联活动多改为并联或取消,砍掉不必要的环节;例:《产品开发流程》中因客车相比乘用车开发周期更短且主要采用集成开发,采用成熟的零部件较多,故可将产品的概念实现阶段通过前期及正式开发阶段整合,经过风险分析和预防过程后,简化总成/零部件的验证过程,在试制开始时同步进行工艺的适应性验证;试制后期可同步进行订单设计,衔接《订单实施流程》以缩短开发周期,保证开发产品质量,同时可将内控等各体系不同维度的要求、控制点放入对应过程的流程文件中,以实现各体系的融合和统一。

3.4 流程体系实施、运行及改善

根据公司战略制定年度流程体系目标及绩效,编制每季、月、周的流程工作计划,分解至部门,定期组织流程编制/优化的评审,识别流程存在的问题,监督流程运行过程,分析流程在执行过程中是否畅通、流程环节是否落实到岗位等,收集运行过程中的问题和流程绩效考核信息(可建立专门渠道跟踪落实员工反馈的流程问题或建议),并对发生的问题组织专业人员进行评审和讨论,提出改进和优化建议,制定问题解决方案,对流程进行优化,确保流程符合上下道工序等客户的要求。同时,定期回顾和识别流程体系建设目标、阶段要求、建设原则及改进的机会等,以保持流程体系的持续有效性、适宜性和充分性。

4 结语

本文通过质量体系及流程管理理论,结合客车研发中心流程管理中的问题,提出了流程体系建设的思路、方法、步骤,理顺了原有管理体系中各流程间的层级关系,解决了流程间接口问题,实现了监督和可追溯性,保障了流程与企业实际业务紧密相连,为企业提供了持续性的竞争优势。相信随着质量体系和流程管理理论的发展和在实践中的更深入和广泛地应用,流程体系必能在企业的发展中发挥着越来越重要的作用。

参 考 文 献

[1] 任彭枞.产品开发管理方法·流程·工具[M].北京:中华工商联合出版社,2018.
[2] 孙科江,石强,孙东风,等.流程管理实用手册[M].北京:机械工业出版社,2013.

某纯电动物流车整车性能参数匹配与建模仿真分析

俞 超,李 阳,田建国,刘忠明,高顺来,李式兵

(中通客车控股有限公司,聊城 252000)

摘 要:相关零部件参数的匹配计算是纯电动汽车设计的基础工作。本文首先对某 N1 类纯电动物流车的驱动电机、动力电池进行了理论选型计算,完成了相关的选型工作。利用 AVL_Cruise 与 Simulink 搭建整车模型,进行动力性与经济性仿真分析,仿真结果满足设计目标。最后,进行实车路试,通过对比实车路试结果与仿真结果,发现:除由于整车控制器对电机进行限扭,限制最高车速导致最高车速的误差(16%)比较大外,其余各项仿真结果误差均小于 3%,验证了理论匹配计算和仿真模型的准确性,为今后新车型开发奠定基础。

关键词:动力性;经济性;纯电动物流车;整车性能参数匹配;建模仿真分析;实车路试;AVL_Cruise;Simulink

0 引言

新能源汽车具有节能、环保、智能化的优势,已经成为汽车行业的主流。AVL_Cruise 是业界功能最强大、最稳定以及适用性最广的整车与传动系统性能分析的仿真工具[1]。本文利用 AVL_Cruise 与 Simulink 对某纯电动物流车动力性与经济性联合建模仿真分析,并与实车数据进行对比,验证了模型的准确性,为今后新车型开发奠定基础。

1 整车性能参数匹配设计

1.1 整车基本参数与整车性能设计指标

整车基本参数见表 1-1。

整车基本参数 表 1-1

整车参数	数 值	整车参数	数 值
整备质量(kg)	1830	空气阻力系数 C_D	0.4
满载质量(kg)	3460	轮胎滚动半径 $r(m)$	0.318
迎风面积 $A(m^2)$	2.68	主减速比 i_0	8.5

由表 1-1 可知,该车最大设计总质量为 3460kg,小于 3500kg,属于 N1 类车型。依据《电动汽车动力性试验方法》(GB/T 18385—2005)[2]中纯电动车动力性相关规定:该车最大允许装载质量为 3460kg - 1830kg = 1630kg,大于 360kg,可知该车动力性试验质量 m_1 为 1830kg + 1630kg/2 = 2645kg,需进行从 0km/h 至 50km/h 加速性能试验、从 50km/h 至 80km/h 加速性能试验,最高车速性能试验、爬坡性能试验等。

依据《电动汽车能量消耗率和续驶里程试验方法》(GB/T 18386—2017)[3]中纯电动车经济性相关规定:该车经济性试验质量 m_2 为 1830kg + 100kg = 1930kg,需进行 NEDC 循环工况试验、(60 ± 2)km/h 匀速工况试验等。

整车性能设计指标见表 1-2。

整车性能设计指标 表1-2

性能设计指标	设 计 值	性能设计指标	设 计 值
从0km/h至50km/h加速时间(s)	≤12	最大爬坡性能(%)	≥20 (30km/h)
从50/km/h至80km/h加速时间(s)	≤10	NEDC工况续驶里程(km)	≥245
最高车速(km/h)	≥100	(60±2)km/h匀速工况续驶里程(km)	≥260

1.2 驱动电机主要参数匹配计算

驱动电机是纯电动物流车唯一动力来源。依据本公司现有电机类型,本文选取市面流行的永磁同步电机。由《汽车理论》[4]汽车驱动力与行驶阻力平衡方程可知:在行车过程中,电机提供的动力用来克服行驶过程中的滚动阻力、空气阻力、坡度阻力以及加速阻力,即:

$$F_t = F_f + F_\omega + F_i + F_j = Gf\cos\alpha + \frac{C_D A u_a^2}{21.15} + G\sin\alpha + \delta m \frac{du}{dt} \tag{1-1}$$

式中:F_t——电机驱动力;

F_f——滚动阻力;

F_ω——空气阻力;

F_i——坡度阻力;

F_j——加速阻力;

G——重力;

α——坡道角度;

C_D——风阻系数;

A——迎风面积;

u_a——车速;

δ——转动质量等效系数;

$\frac{du}{dt}$——加速度。

1.2.1 电机峰值转速 n_{max} 与额定转速 n_e 的确定

电机峰值转速与最高车速息息相关[5],由最高设计车速 $u_{a\,max}$ 确定驱动电机峰值转速 n_{max}:

$$n_{max} = \frac{i_0}{0.377r} u_{a\,max} = 7090.069(r/min) \tag{1-2}$$

暂定电机峰值转速为: $n_{max} = 7500 r/min$。

本文定义驱动电机扩大恒功率区系数 β[6](基速比)为电机峰值转速 n_{max} 和额定转速 n_e 的比值,该值大小与电机外在参数(尺寸、质量等)和内在参数(内部损耗)等息息相关。该值越大,则表明该车具备良好的爬坡和加速性能,但过大则会带来较高电机功率损失。一般 $\beta = 2 \sim 4$,电机额定转速 n_e 为:

$$n_e = \frac{7500}{\beta} = 2500 \sim 3750(r/min) \tag{1-3}$$

暂定电机额定转速 $n_e = 3000 r/min$。

1.2.2 电机峰值功率 P_{max} 与额定功率 P_e 的确定

电机峰值功率需要满足该车在不同工况(最高车速、最大爬坡度、加速时间)下最高功率的需求,即:

$$P_{max} > \max(P_{max1}, P_{max2}, P_{max3}) \tag{1-4}$$

(1)根据最高车速 $u_{a\,max}$ 确定电机峰值功率 P_{max1},即:

$$P_{max1} \geq \frac{1}{3600\eta_T}\left(m_1 g f u_{a\,max} + \frac{C_D A u_{a\,max}^3}{21.15}\right) = 31.64(kW) \tag{1-5}$$

式中:η_T——传动系统效率;

f——滚动阻力系数。

(2)根据最大爬坡度 i_{max} 确定电机峰值功率 P_{max2}。

$$P_{max1} \geq \frac{1}{3600\eta_T}\left(m_1 gf\cos\alpha_{max} u_a + m_1 g\sin\alpha_{max} u_a + \frac{C_D A u_a^3}{21.15}\right) = 52.17(\text{kW}) \quad (1\text{-}6)$$

(3)根据加速性能指标确定电机峰值功率 P_{max3}。

本文以在水平良好路面上从 0km/h 至 50km/h 原地起步加速时间作为该车加速性能评价指标。该车在加速过程中主要克服滚动阻力、空气阻力和加速阻力,则:

$$P_s = \frac{u_s}{3600\eta_T}\left(m_1 gf + \delta m_1 \frac{du}{dt} + \frac{C_D A u_s^2}{21.15}\right) \quad (1\text{-}7)$$

由于起步加速并非匀加速过程,本文引入经验公式[3]:

$$u_s = u_b \left(\frac{t}{t_b}\right)^x \quad (1\text{-}8)$$

联合式(1-7)和式(1-8)得:

$$P_{max3} \geq \frac{u_b}{3600\eta_t t_b}\left(\frac{2}{3} m_1 gf t_b + \delta m_1 \frac{u_b}{2\sqrt{t_b}} + \frac{C_D A u_b^2}{21.15 \times 2.5} t_b\right) = 32.14(\text{kW}) \quad (1\text{-}9)$$

式中:P_s——加速过程中的瞬时功率;

u_s——加速过程中的瞬时速度;

δ——转动质量换算系数,取 1.06;

u_b——加速过程中的末速度,即 30km/h;

t_b——加速时间;

x——拟合系数,这里取 0.5。

综上所述:$P_{max} > \max(P_{max1}, P_{max2}, P_{max3}) = 52.17\text{kW}$。暂定电机峰值功率 $P_{max} = 60\text{kW}$。

本文定义驱动电机过载系数 λ 为电机峰值功率 P_{max} 与额定功率 P_e 的比值,该值一般取 $2 \sim 3^{[8]}$。因此:

$$P_e = \frac{P_{max}}{\lambda} = 20 \sim 30(\text{kW}) \quad (1\text{-}10)$$

暂定电机额定功率 $P_e = 25\text{kW}$。

1.2.3 电机峰值转矩 T_{max} 与额定转矩 T_e 的确定

由电机额定转矩 T_e 与额定转速 n_e 和额定功率 P_e 的关系可知:

$$T_e = 9550 \frac{P_e}{n_e} = 79.58(\text{N} \cdot \text{m}) \quad (1\text{-}11)$$

暂定电机额定转矩 $T_e = 80\text{N} \cdot \text{m}$。

由于爬坡时,所需转矩最大,因此,电机峰值转矩可由式(1-12)计算得:

$$T_{max} = \frac{m_1 gf\cos\alpha + m_1 g\sin\alpha}{\eta_T i_0} \times r = 232(\text{N} \cdot \text{m}) \quad (1\text{-}12)$$

暂定电机峰值转矩 $T_{max} = 235\text{N} \cdot \text{m}$。

1.2.4 电机基本参数

理论匹配计算电机基本参数见表1-3。

理论匹配计算电机基本参数　　　　表1-3

电机类型	永磁同步电机	峰值转矩(N·m)	235
额定转速(r/min)	3000	额定功率(kW)	25
峰值转速(r/min)	7500	峰值功率(kW)	60
额定转矩(N·m)	80		

根据表1-3理论匹配计算的电机基本参数,并结合本公司现有电机类型,最终所选取电机基本参数见表1-4。

最终选定的电机及电机控制器基本参数			表 1-4
电机类型	永磁同步电机	峰值转矩(N·m)	350
额定转速(r/min)	3000	额定功率(kW)	45
峰值转速(r/min)	8500	峰值功率(kW)	90
额定转矩(N·m)	143	电机控制器额定电压(V)	345

1.3 动力电池参数的匹配计算

动力电池是纯电动车的能量储存装置,其性能优劣与续驶里程息息相关[9]。依据公司现有动力电池类型,本文选取磷酸铁锂动力电池。

1.3.1 动力电池组电压的确定

由表 1-4 可知所选取的电机控制器额定电压为 345V,因此所需选取的动力电池组电压波动范围应当满足电机控制器额定电压。依据公司现有产品,选取电池组额定电压是 334.88V,其电压波动范围是 260 ~ 379.6V。

1.3.2 动力电池组能量与容量的确定

在经济性试验质量 m_2 下,该物流车在 (60 ± 2)km/h 匀速工况试验的续驶里程为 260km,其所需功率为:

$$P_{260} = \frac{1}{\eta_T}\left(\frac{m_2 g f u_{60}}{3600} + \frac{C_D A u_{60}^3}{76140}\right) = 9.83(\text{kW}) \tag{1-13}$$

消耗能量为:

$$W = \frac{P_{260} \times S_{260}}{u_{60}} = 42.6(\text{kW} \cdot \text{h}) \tag{1-14}$$

动力电池组总容量为:

$$C = \frac{1000 \times W}{U \times \eta_{DOD}} = 137.2(\text{A} \cdot \text{h}) \tag{1-15}$$

式中:P_{260}——匀速行驶 260km 所需功率,kW;

W——匀速行驶 260km 所消耗的能量,kW·h;

C——动力电池组总容量,A·h;

η_{DOD}——动力电池组放电深度,取 0.9。

1.3.3 确定动力电池基本参数

综合上述动力电池基本参数计算结果,并结合本公司现有动力电池类型,最终选取动力电池基本参数[10]见表 1-5。

最终选定的动力电池基本参数			表 1-5
动力电池类型	磷酸铁锂动力电池	标称电压(V)	334.88
额定存储能量(kW·h)	50.23	工作电压范围(V)	260 ~ 379.6
额定容量(A·h)	150		

2 整车模型搭建与仿真分析

2.1 整车模型搭建

本文利用 AVL_Cruise 与 Simulink[11] 进行联合仿真搭建整车模型,其中 DLL 模块用于加载利用 Simulink 所编译生成的整车制动能量回收的 dll 文件,进行制动能量回收的仿真[12]。所搭建的整车模型如图 2-1 所示。Simulink 控制模型如图 2-2 所示。

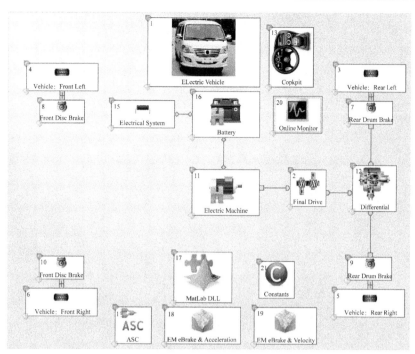

图 2-1　整车模型

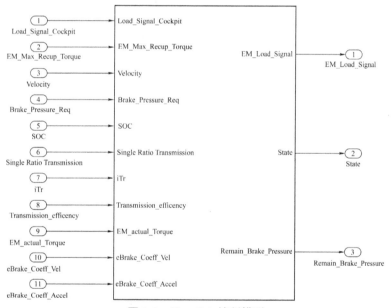

图 2-2　Simulink 控制模型

2.2　仿真工况建立与结果分析

2.2.1　仿真工况建立

搭建整车模型之后,通过加载相应试验质量,分别搭建了从 0km/h 至 50km/h 与 50km/h 至 80km/h 加速性能试验、最高车速试验、爬坡性能试验、NEDC 循环工况试验、(60±2)km/h 匀速工况试验的动力性与经济性仿真工况,如图 2-3 ~ 图 2-5 所示。

图 2-3　动力性试验工况

图 2-4 NEDC 循环工况

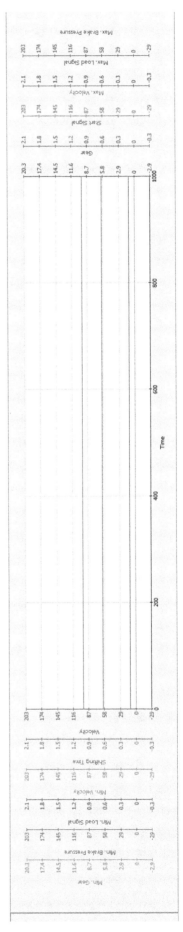

图 2-5 (60±2) km/h 等速工况

2.2.2 仿真结果

2.2.2.1 动力性能仿真结果

(1) 加速性能,如图 2-6 和图 2-7 所示。

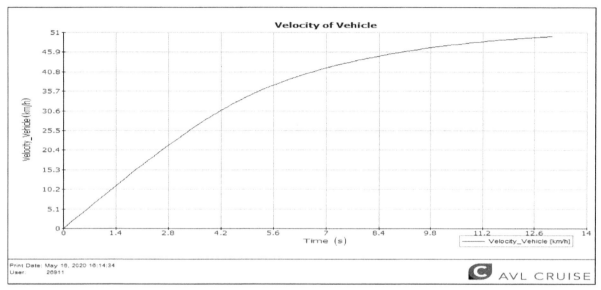

图 2-6　从 0km/h 至 50km/h 加速时间

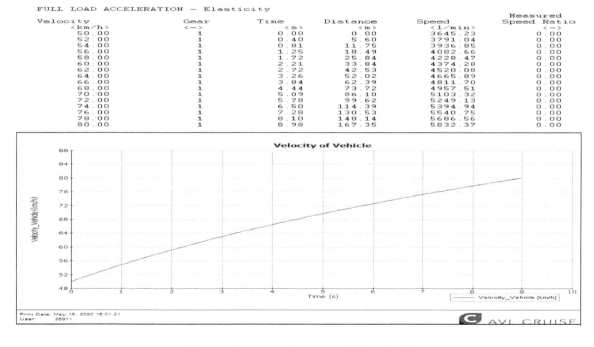

图 2-7　从 50km/h 至 80km/h 超车加速时间

(2) 最高车速如图 2-8 所示。

(3) 最大爬坡度如图 2-9 所示。

```
Max.Velocity
Electric Vehicle                                   AVL CRUISE
                                         Sat, 16.05.2020 13:56:04

Calculation Task:   Max.Velocity
Sub Task:           Maximum Velocity
Author:
Course File:        ways\Standard.way
Driver File:        drivers\Standard.drv

GENERAL SETTINGS
Hot Start:              Hot Start - steady state
Tiptronic:              Yes
Gear Shifting Control:  According to Velocity
Gear Shifting:          Gear Box Control
Wheel Slip:             Off
Load State Empty:       Yes
Load State Half:        No
Load State Full:        No
Curb Weight:             1830.0 <kg>
Vehicle Mass:            1930.0 <kg>
Load State Condition
Trailer:                Empty

CONSTANT DRIVE - vMax
Theoretical Obtainable Maximum Velocity:   168.25 <km/h>
Real Obtainable Maximum Velocity       :   116.40 <km/h>
Evaluated Gear Step                    :     1
Ratio                                  :     0.505
Single ratio transmission              :     8.500
Maximum velocity in the gears:
  Gear       Velocity        Speed       Measured Speed Ratio
  <->         <km/h>        <1/min>              <->
   1          116.40        8486.09              0.00
```

图 2-8　最高车速

Measuring Points VELOCITY

Velocity <km/h>	Gear <->	Speed <1/min>	Inclination <^%>	Measured Speed Ratio <->
0.00	1	0.00	30.46	0.00
5.00	1	364.52	26.88	0.00
10.00	1	729.05	26.83	0.00
15.00	1	1093.57	26.75	0.00
20.00	1	1458.09	26.64	0.00
25.00	1	1822.61	25.43	0.00
30.00	1	2187.14	23.36	0.00
35.00	1	2551.66	20.72	0.00

图 2-9　最大爬坡度

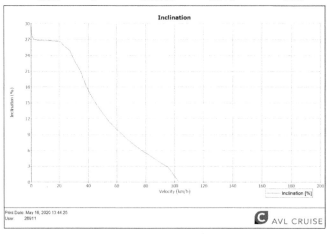

2.2.2.2 经济性能仿真结果

本文首先不加载制动能量回收控制策略,进行经济性仿真,接着添加制动能量回收控制 dll 文件进行联合仿真[13]。所得到的结果如下。

(1) NEDC 循环工况,如图 2-10 和图 2-11 所示。

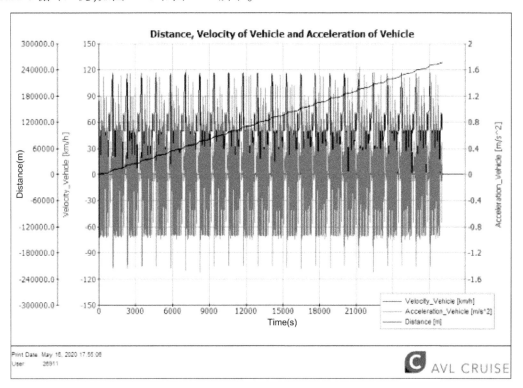

图 2-10 无 DLL 控制 NEDC 续驶里程

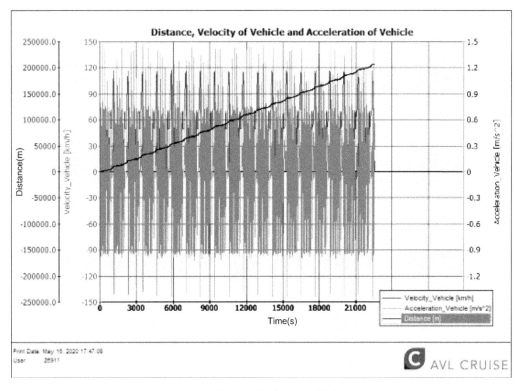

图 2-11 有 DLL 控制 NEDC 续驶里程

(2)(60±2)km/h 匀速工况试验,如图 2-12 和图 2-13 所示。

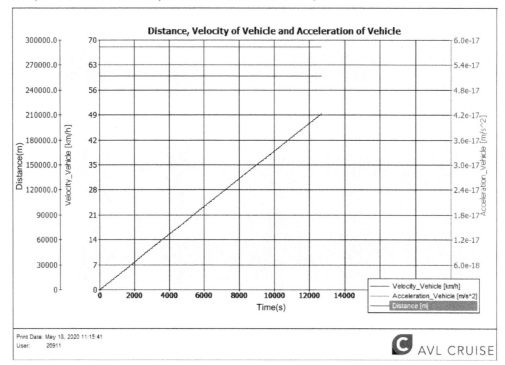

图 2-12　无 DLL 控制(60±2)km/h 续驶里程

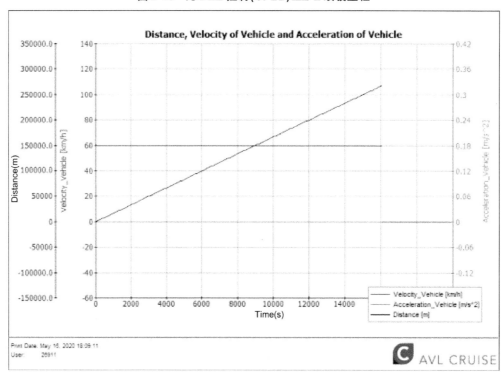

图 2-13　有 DLL 控制(60±2)km/h 续驶里程

3　实车路试

3.1　测试进行

为进一步验证理论匹配及建模仿真的准确性,对该纯电动物流车进行了实车路试[14]。图 3-1 所示为进行(60±2)km/h 匀速工况试验的现场照片。

图 3-1 (60±2)km/h 匀速工况试验现场

本次实车路试,为得到更加准确的结果,对于该车的动力性验证,对每项试验工况分别进行了两组测试;对于该车的经济性验证,进行了关闭制动能量回收功能和保留制动能量回收功能的两轮试验,每轮试验都对各项试验工况进行两组测试。

3.2 测试结果

整车各项性能参数结果对比见表 3-1。

整车各项性能参数结果对比 表 3-1

性能参数项	设计目标值	仿真值	仿真值是否满足设计目标值	试验值 1	试验值 2	试验平均值	仿真值与试验平均值误差绝对值(%)
0~50km/h 加速时间(s)	≤12	10.48	满足	9.87	10.55	10.21	2.7
50~80km/h 加速时间(s)	≤10	8.98	满足	8.95	9.15	9.05	0.7
最高车速 (km/h)	≥100	116.40	满足	100.00	100.00	100.00	16
最大爬坡性能(%)	≥20 (30km/h)	23.36 (30km/h)	满足	≥20 (30km/h)	≥20 (30km/h)	≥20 (30km/h)	—
NEDC 工况续驶里程(km)	≥245	207.61 257.81 211.56	满足	206.93 258.04 218.25	202.15 248.46 213.07	204.54 253.25 215.66	1.5 1.8 1.9
(60±2)km/h 等速工况续驶里程(km)	≥260	268.14	满足	263.17	261.05	262.11	2.3

根据表 3-1 相关测试结果[15]可知:该车仿真值、试验值均满足设计目标值,说明该车理论匹配选型与整车建模均符合要求;该车路试平均最高车速为 100km/h,而仿真值为 116.4km/h,两者的误差为 16%,差距较大,原因是该物流车在实车路试中,整车控制器对电机限扭,从而限制最高车速为 100km/h,导致两者误差较大;除此之外,其余各动力性、经济性仿真值与试验平均值的误差均小于 3%,说明该车驱动电机、动力电池

理论匹配及整车建模仿真分析的准确性。

4 结语

利用 AVL_Cruise 与 Simulink 进行联合仿真搭建 N1 类纯电动物流车的整车模型,进行动力性与经济性仿真分析。

(1)在建立整车模型前,根据整车基本参数与设计目标进行理论匹配选型。

(2)理论匹配计算完成后,搭建整车动力系统模型,并搭建动力性与经济性仿真试验工况,得到仿真结果。

(3)对该车进行实车路试,得到试验值。与仿真值进行对比,验证了整车模型的准确性,为今后新车型开发奠定基础。

参 考 文 献

[1] AVL. AVL CRUISE Users Guide[Z].2019.
[2] 中华人民共和国国家标准.电动汽车 动力性能 试验方法:GB/T 18385—2005[S].北京:中国标准出版社,2005.
[3] 中华人民共和国国家标准.电动汽车 能量消耗率和续驶里程 试验方法:GB/T 18386—2017[S].北京:中国标准出版社,2017.
[4] 余志生.汽车理论[M].北京:机械工业出版社,2018.
[5] 陈清泉,等.现代电动汽车技术[M].北京:北京理工大学出版社,2002.
[6] 牛犇杰.纯电动车驱动系统匹配[D].长春:吉林大学,2019.
[7] 李添鑫,陆海斌.纯电动物流车动力系统设计分析[J].汽车电器,2018,361(9):21-23.
[8] 郭敏锐,杨勇.纯电动汽车动力系统匹配设计及多工况仿真[J].现代制造工程,2018,000(012):62-65,88.
[9] 刘沛.纯电动厢式物流车动力系统参数匹配与优化[D].安徽:安徽农业大学,2018.
[10] 练红亮,佘翊妮.基于 CRUISE 的纯电动汽车驱动系统参数匹配设计与分析[J].信息记录材料,2019,020(011):97-99.
[11] 孙忠潇.Simulink 仿真及代码生成技术入门到精通[M].北京:北京航空航天大学出版社,2015.
[12] 盛伟辉.基于 NEDC 工况的两挡纯电动汽车动力系统参数匹配及控制策略研究[D].陕西:长安大学,2019.
[13] 员汝娜,邹忠月,张腾,等.基于 Cruise 的纯电动汽车性能仿真及测试验证[J].汽车工程师,2019(10):39-43.
[14] 陶小松,王鹏,陈乐.纯电动汽车动力系统参数匹配与性能仿真[J].山东交通学院学报,2018,026(004):7-14.
[15] 安洪雨.纯电动汽车动力系统参数匹配选择及计算仿真[J].内燃机与配件,2019(21):19-22.

浅谈某商用车柴油机国六排放控制技术

谢婉晨，储楼桂

（南京依维柯汽车有限公司，南京　211806）

摘　要：为有效治理环境污染等问题，我国制定和实施了更严格的国六排放标准。柴油机要实现国六排放标准，仅依靠柴油机内部净化技术已很难满足要求，必须依靠机外后处理技术予以辅助。本文概述了柴油机主要排放污染物的生成机理以及危害，同时着重介绍了某商用车柴油机为满足法规所使用的国六排放控制技术路线及原理。

关键词：环境污染；柴油机；国六排放标准；后处理技术

0　引言

随着人们生活水平的不断提高，汽车保有量持续增长，柴油机的应用范围也越来越广。但近年来人类生存环境却不断恶化，石油能源危机问题也越来越突出，而造成这种现象的主要因素之一就是汽车排放污染物。为了有效防治汽车带来的大气污染物排放问题，更好地维护人们赖以生存的生态环境，我国发布了国六排放标准《轻型汽车污染物排放限值及测量方法（中国第六阶段）》（GB 18352.6—2016）来对汽车的排气污染物限值进行规定。面对更加严格的国六排放法规，采用必要的后处理技术已经成为降低柴油机排放污染物的最有效方式之一。本文针对某商用车的国六排放控制技术路线及其基本工作原理进行了简单论述和分析。

1　排放污染物的形成及危害

柴油机主要的排放污染物分为气态的氮氧化物（NO_x）、一氧化碳（CO）、碳氢化合物（HC）以及固态颗粒物（PM）。相比于汽油机，柴油机的过量空气系数大，燃烧更充分，故其排放物中CO和HC的含量较低，NO_x和PM的含量较高。其中，NO_x在高温富氧条件下产生，而PM在高温缺氧条件下产生，即降低NO_x含量的同时会造成PM排放的增加，反之亦然。

NO_x主要由一氧化氮（NO）与二氧化氮（NO_2）组成，有毒且易导致酸雨和光化学烟雾。颗粒物根据直径大小通常分为可吸入颗粒物（PM10）和细颗粒物（PM2.5）。PM10可被呼吸系统过滤，对人体危害较小；PM2.5无法被鼻黏膜阻挡，对人体危害极大，若不慎吸入，会沉积在人体肺泡，长期在PM2.5环境中更易引起肺癌。科研表明，柴油机排放颗粒物主要部分是细颗粒物[1]。

柴油机国六后处理装置的设计和功能，主要是为了处理上述这两类污染物。因此，柴油机为满足国六排放标准，如何有效控制处理NO_x和PM是其后处理系统应着重考虑的部分。

2　国六排放控制技术路线及原理介绍

2.1　控制技术路线

柴油机机内净化技术有增压中冷技术、高压燃油共轨喷射技术、废气再循环技术（EGR）等；后处理技术主要有氧化催化转化器（DOC）、柴油机微粒捕集器（DPF）、选择性催化还原技术（SCR）、氨逃逸催化器（ASC）和稀燃NO_x捕集技术（LNT）等[2]。

缸内燃烧状况将直接影响柴油机的动力性，同时也会对柴油机排放气体的成分造成影响。改善缸内燃烧状况一般可有效降低排气中CO、HC和PM的含量,但NOₓ的量会随之上升。采用EGR能够降低NOₓ的排放,但又会对柴油机动力性、经济性造成影响。由此可见,仅靠优化燃烧状况和机内净化技术,将很难同时降低柴油机主要排放污染物NOₓ和PM的排放量,因此想要满足国六法规要求,还需合理运用多种后处理技术。国六阶段排放法规对柴油机排放的要求极其严格,某商用车公司为积极应对国家法规要求,在原有国五排放控制技术路线的基础上增加了SCR及ASC技术用以实现国六排放,其结构如图2-1所示。

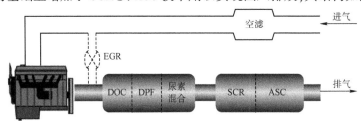

图2-1 某商用车国六排放控制技术路线

2.2 技术原理介绍

2.2.1 废气再循环技术

废气再循环技术(Exhaust Gas Recirculation,简称EGR)是降低NO_x最有效的技术措施之一,但其转化性能易受发动机转速影响,会降低柴油机的动力性和经济性。EGR的工作原理是将少部分发动机燃烧后产生的废气和新鲜空气混合后进入燃烧室,进行再次燃烧,通过引入惰性气体来降低总体氧浓度水平,有效降低了缸内燃烧温度,从而抑制了NO_x的生成,降低了废气中NO_x的含量。

2.2.2 氧化催化转化器

氧化催化转化器(Diesel Oxidation Catalyst,简称DOC)位于后处理系统前端,它的强氧化能力使其在国六系统中显得尤为重要。DOC使用涂覆了贵金属催化剂的蜂窝状结构陶瓷作为载体,在适宜温度下可将废气中排出的CO、HC和NO催化氧化为CO_2、H_2O和NO_2,同时还可降低微粒排放中的可溶性有机成分(SOF)的含量,有效净化排气中的污染物,如图2-2所示。但DOC对碳颗粒物的氧化处理效果较差,后续仍要进一步对颗粒物进行净化处理。

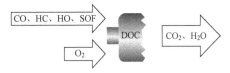

图2-2 DOC工作示意图

DOC中涉及的主要化学反应如下:

$$2CO + O_2 \rightarrow 2CO_2$$

$$4C_mH_n + (4m+n)O_2 \rightarrow 4mCO_2 + 2nH_2O$$

$$2NO + O_2 \rightarrow 2NO_2$$

2.2.3 柴油机微粒捕集器

柴油机微粒捕集器(Diesel Particulate Filter,简称DPF)安装在DOC的下游,其内部的壁流式过滤通道可对颗粒物进行捕集过滤,从而能够直接有效地净化柴油机颗粒物。DPF的内部由很多细小孔道组成,且孔道排气口均封闭,因此排放的气体会被强制在每个通道壁面的小孔间运动。对于排气中的大微粒,DPF通过惯性沉淀、线性拦截的方式进行捕集,而对小微粒则通过扩散沉淀的方式进行捕集,因此其颗粒捕集效率能够高达90%以上。

但在过滤过程中,随着DPF运行时间的增加,捕集器内部积聚的颗粒物数量会越来越多,过多的颗粒会引起柴油机排气背压过高,严重影响发动机的动力性能与经济性能。这时就需要除掉DPF中积聚的颗粒物,使其回到初始的捕集状态,该过程称为DPF的再生。DPF的再生分为被动再生和主动再生两种方式。

被动再生的反应温度在300℃左右。通过在过滤体表面涂覆催化剂或在燃油中添加催化剂,NO_2可在催化剂作用下将载体拦截下来的C颗粒转化为CO_2和NO,以疏通载体中颗粒物的堵塞。其主要化学反应如下:

$$C + 2NO_2 \rightarrow CO_2 + 2NO$$

主动再生的反应温度在600℃左右。在排气过程中,外界提供能量会使排气或过滤体的温度不断升高,当达到捕捉的颗粒燃烧所需温度后,颗粒燃烧使载体再生。其主要化学反应如下:

$$C + O_2 \rightarrow CO_2$$

由于受实际工况中排气温度的影响,在国六后处理的实际运用中,被动再生和主动再生是同时进行的。

2.2.4 选择性催化还原技术

选择性催化还原技术(Selective Catalytic Reduction,简称SCR)是目前柴油机后处理系统针对NO_x排放的主流处理技术。该技术主要是通过利用尿素水溶液在高温排气的作用下发生热解和水解反应,生成的NH_3在一定温度以及催化剂作用下,将NO_x还原成N_2和H_2O,从而实现降低排气中的NO_x含量的目的[3]。因作为还原剂的NH_3表现出高选择性,优先与NO_x而不是O_2发生反应,故称其为"选择性催化还原技术"。

SCR中涉及的主要化学反应如下:

$$(NH_2)_2CO + H_2O \rightarrow 2NH_3 + CO_2$$
$$NO_x + NH_3 \rightarrow N_2 + H_2O$$

2.2.5 氨逃逸催化器

氨逃逸催化器(Ammonia Slip Catalyst,简称ASC)安装在SCR后端,其反应原理主要是通过载体内壁的贵金属等催化剂涂层将过量的NH_3氧化为N_2、N_2O、NO_x,同时将NO_x、NH_3进行催化反应生成N_2。氨逃逸催化器在保证了后处理系统催化氧化废气的同时,也避免了因过量的尿素分解时所产生的氨气直接排放到大气而造成的二次污染。其主要化学反应如下:

$$NH_3 + O_2 \rightarrow N_2、N_2O、NO_x$$
$$NH_3 + NO_x \rightarrow N_2$$

3 结语

"史上最严法规"国六排放标准的制定与实施,不仅是对发动机后处理技术的一次优化升级,也是对各大车企的一次挑战与机遇,更是对我国环境污染治理能力的一次提升。本文针对某车企商用车柴油机国六排放后处理技术路线的基本工作原理及技术特点进行了简述与分析,就目前我国关于柴油机的后处理技术而言还有很大的提升空间,希望广大学者可以更多地对相关技术展开研究,为我国的节能减排事业做出贡献。

参 考 文 献

[1] 朱春,张旭.车用柴油机排放细颗粒物和超细颗粒物特征与人体健康效应[J].环境与健康杂志,2010,27(6):549-551.
[2] 张霞,张博琦,夏鸿文.柴油机后处理技术发展现状[J].交通节能与环保,2014(5):28-32.
[3] 余皎,王军,等.重型柴油机SCR系统布置优化设计[J].内燃机与动力装置,2010(4):25-29.

浅谈新能源公交车外饰件"6mm"尺寸工程可行性

程回东,郭福祥

(上海申沃客车有限公司,上海 201108)

摘 要:随着城市空气环保要求的提高,城市客车逐渐将以新能源公交车为主。因此,具备造型美观、技术先进、性能可靠、乘坐舒适的新能源公交车成为当地政府和各主要客车企业优先扶持和重点发展的车辆类型。外饰件间的匹配,乘用车尺寸工程技术在国内已经应用了20多年,其技术比较成熟,将尺寸工程技术引用到新能源公交车成为一种可能。本文主要针对新能源公交车外饰各匹配件之间的间隙尺寸优化可行性展开了讨论并提出了部分可实施方案。对外饰件匹配间隙尺寸的整体规划,以间隙尺寸的统一和减小至"6mm"为目的,达到提升整车造型的美观是本文主要论述的重点。

关键词:尺寸规划;匹配间隙;感知质量

1 新能源公交车外饰间隙尺寸现状

新能源公交车外饰件间隙主要有玻璃周圈间隙、开闭件周圈间隙、灯具周圈间隙三大类,其中玻璃周圈间隙在数量上最多。以申沃9系10.5m新能源公交车为例(图1-1),车体单侧侧窗玻璃有7片玻璃,因此侧窗玻璃前后方向共计8条间隙,上下方向各1条间隙,单侧侧窗玻璃共计10条间隙。若在玻璃安装过程中不能保障这些间隙的均匀性,将严重影响整车的感知质量。

图1-1 申沃9系新能源公交车

目前城市运行的主流客车外饰匹配间隙尺寸可大致统计有:玻璃周圈匹配间隙7～12mm;开闭件周圈匹配间隙6～14mm;灯具周圈匹配间隙6～12mm。玻璃周圈匹配间隙包括前后风窗玻璃周圈和侧窗玻璃周圈。前后风窗玻璃周圈匹配间隙较侧窗玻璃周圈匹配间隙大,由于前后风窗玻璃尺寸较大,因此供应商在玻璃制作时能够保障的尺寸精度不高,一般供应商控制在-4～0mm,而前后围玻璃止口尺寸也因玻璃钢制作精度差,很难保障尺寸精度,综合因素造成前后风窗玻璃周圈间隙匹配尺寸大。开闭件周圈匹配间隙包括侧围箱门周圈匹配间隙和前后围翻门周圈匹配间隙,由于前后围翻门尺寸较侧围箱门尺寸大,因此在设计上前后围翻门周圈匹配间隙尺寸相应的较侧围箱门匹配间隙尺寸大。灯具周圈匹配间隙有固定匹配间隙和活动匹配间隙,通常活动匹配间隙尺寸大于固定匹配间隙。根据目前主流客车外饰匹配间隙尺寸数据,可以看出目前城市运行的新能源公交车在外饰件周圈间隙方面没有进行合理的统一规划和设计,这就造成城市客车整车在外观感知质量方面的评价较低。

2 基于可制造性外饰间隙尺寸"6mm"规划

城市客车整车外饰感知质量是整车品质质量最直观的,顾客最容易察觉的。各匹配件间隙尺寸大和不均匀直接影响美观和品质。公共交通的"颜值"不仅成为城市与城市之间对比的评价标准之一,也成为市民日常关注的焦点。因此,不断提升新能源公交车的外观品质,已成为城市发展和改善公共交通的关键之一。新能源公交车不再是传统意义上的运载工具,而是城市发展和对外展示城市竞争力的新名片。针对外饰间隙尺寸规划具备的外部因素条件有如下几个方面：

（1）零部件设计方案的提升。申沃9系新能源公交车前后围由原来的玻璃钢替换为冲压件。以往玻璃钢制作精度不易控制，成品尺寸较设计理论值偏离较大。在设计时前围翻门间隙尺寸为8mm，实际成品尺寸较设计值有很大偏差且整体呈现间隙不均匀。冲压件就可以较好地控制零件的尺寸精度，间隙匹配尺寸要求能够满足且控制在6mm，因此零部件材料和成型设计方案的改变使得各匹配件的尺寸精度相较于原有的玻璃钢有了显著的提升。

（2）政府对新能源公交车的推广。以上海为例，2020年年底市区所有城市客车将全部替换为新能源公交车，新能源公交车低噪声、低振动的特点，为各匹配件间间隙值的缩小提供了基础条件。

（3）城市路况的改善。市区路况与郊区路况相比较，沥青路面更为平整，减少了车辆运行时的冲击和振动，理论上可避免车辆运行时车体较大的形变而造成玻璃爆裂或开闭件摩擦的问题。

基于以上不同以往的外部因素变化，为外饰间隙尺寸可制造性规划提供了必要的前提条件。具备了可实施条件，在新能源公交车的设计制造过程中可通过以下几个方面对外饰间隙尺寸控制实施：

（1）产品设计方案改进。通过整车外饰间隙尺寸规划，将间隙尺寸重新梳理归类，通过尺寸链分析，重新定义外饰各匹配件间隙尺寸。

（2）供应商质量提升。通过提升模具和工装精度，控制供应商零部件制作精度。将影响外饰安装匹配间隙的尺寸列为关键尺寸，进行严格控制，100%抽检。

（3）装配工艺创新。定义合理的装配策略，采用间隙保障工装，控制间隙尺寸。

（4）装配工人素质提升。编制标准装配作业指导，并对工人进行培训，对关键工艺过程进行工艺纪律检查和考核。

（5）过程检验的严格控制。质检员需对装配质量进行抽查检验，确保在外饰间隙尺寸不合格问题做到不接受、不制造、不流出。

满足了以上条件，可将新能源公交车外饰间隙尺寸进行规划定义为：侧窗玻璃间隙为6mm，开闭周圈间隙为6mm，灯具周圈固定匹配间隙为6mm。针对间隙尺寸数量较少且实施较为困难的前后风窗玻璃间隙尺寸定义为8mm，灯具周圈活动匹配间隙为8mm。

3 申沃9系新能源公交车侧窗玻璃间隙尺寸"6mm"实施验证

申沃客车9系新能源公交车原有侧窗玻璃间隙设计值为8mm，如图3-1所示，共有7片玻璃，所涉及立缝有a～h共计8条。在间隙尺寸优化由8mm至6mm过程中主要存在的问题有两个：

（1）原有结构设计中存在玻璃拼缝和骨架拼缝重合问题，图3-1中为e、f、g立缝。在已实施的制造装配工艺中存在很大的问题，直接影响其玻璃装配间隙的均匀性和尺寸大小。

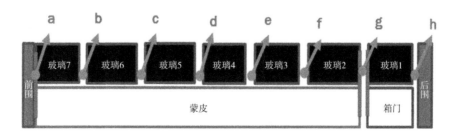

图3-1 申沃9系左侧玻璃间隙规划

（2）骨架制作尺寸精度和玻璃制作精度控制问题。

通过与供应商沟通协商，提升了侧围骨架工装的精度，并对侧围骨架和玻璃尺寸进行测量统计，针对出现的问题分析整改和跟踪解决，使得侧围骨架和玻璃的实际尺寸得以稳定。综合考虑玻璃形状尺寸的改变较侧围骨架结构的改变更可靠且实施更方便。因此，玻璃间隙尺寸优化实施方案最终确定为调整侧窗玻璃Y向尺寸的增大和减小，并设定a、h缝隙为公差释放位置，在玻璃装配时采用标准6mm间隙块保障玻璃间间隙尺寸。经过不同批次车辆的实施验证,不仅使得侧窗玻璃间隙尺寸满足了外饰尺寸规划"6mm"的目标,也从根本上解决了 e、f、g 位置玻璃拼缝与骨架拼缝重合的问题。

4 结语

通过实施整车外饰间隙尺寸"6mm"尺寸规划,能够很好地提升新能源公交车的外观感知质量。申沃 9 系新能源公交车通过整体外饰间隙尺寸优化,使得外饰开闭件和侧窗玻璃以及翻门间隙达到了规划"6mm"尺寸工程要求。不足之处在于前后风窗玻璃的周圈间隙和前照灯周圈间隙,鉴于设计造型和改进实施难度大的原因,目前还没有进行优化改善。相信后续通过不断的技术改进和产品质量的提升,新能源公交车整车外饰件"6mm"尺寸工程能够完全实现。

参 考 文 献

[1] 孙贵斌.客车制造工艺[M].北京:机械工业出版社,2014.

新能源客车与节能减排

不同连接方式对锂电池直流内阻测试结果的影响分析

韩裕汴,张景斐,刘保能,苏 毅

(银隆新能源有限公司,洛阳 471000)

摘 要:以方形磷酸铁锂电池为研究对象,分析了锂电池与测试设备之间不同的连接方式对直流内阻测试的影响。

关键词:方形磷酸铁锂电池;连接方式;直流内阻

0 引言

内阻是评价电池性能的重要指标之一。锂电池内阻的测试包括交流内阻和直流内阻,交流内阻又称欧姆内阻,主要由电极材料、电解液、隔膜内阻及各部分零件的接触内阻组成;直流内阻值不仅包括了锂电池欧姆内阻,还包括了一些极化电阻[1-3]。锂电池的直流内阻受环境温度、测试时电流倍率、SOC(荷电状态)、测试设备与电池连接方式等各种因素的影响,测试设备与电池的连接方式对直流内阻的影响几乎没有报道[4-5]。目前业界尚没有锂电池直流内阻测试标准的详细方法,尤其是测试设备与电池的连接方式,不同连接方式测试出结果差别非常大。本文以LFP-80Ah方形锂离子电池为研究对象,研究了不同测试连接方式对锂电池直流内阻测试结果的影响。

1 直流内阻测试方法

目前常用的直流内阻测试方法主要有3种:美国《Freedom CAR电池测试手册》中的HPPC测试方法[6];日本JEVSD713 2003测试方法[7];我国"863"计划电动汽车专项《HEV用高功率锂离子动力蓄电池性能测试规范》3.2.9中提出的测试方法[8]。无论是上述哪一种方法,都没有对测试设备线缆与电池如何连接做出详细描述。要测量的电池的内阻基本上在毫欧姆级别,这就要求测试设备采集到电压、电流的准确具有高度的可靠性与稳定性,否则会造成计算出的直流内阻有重大偏差。所以,测量电池内阻时必须采用合理的措施减少测量误差[9-11]。

目前业内主流的测试直流内阻的方法是上述的美国测试方法[6]。根据物理公式$R=V/I$,电池在短时间内(一般为1~10s)强制通过一个恒定直流大电流(3C~5C),测量此时电池两端的电压差,并按公式计算出锂电池直流内阻。直流内阻要求测试过程中对电池电压快速准确地测量[12]。因此,电压采集线需与电池直接接触以准确采集到电池本身的真实电压,且电压采集线不能受测试电流干扰。另外测试设备的电缆线为"四线制",电流采集线与电压采集线相互独立。

2 测试结果及分析

2.1 测试结果

本文用方形磷酸铁锂电芯,标称容量为80A·h,电压范围为2.5~3.65V。直流内阻测试方法参照上述美国测试方法[5],测试设备使用北京大华5V200A电池测试设备,恒温设备采用爱斯佩克恒温箱,外部电压监控设备为日置HIOKI LR8431记录仪(具备电压监测功能)。所有设备都经过计量校准,测试数据准确可靠。测试步骤如下:

(1)电池放置在25℃恒温箱中,将电池以80A(1C)电流恒流放电至截止电压2.5V,静置30min,以80A

恒流充电至 3.65V 转恒压充电,截止电流 4A(0.05C);静置 30min。

(2)室温下,将电池以 80A·h 电流恒流放电至截止电压 2.5V,记录放电容量 C_q;按上述步骤(1)方法充电。以 80A 电流恒流放电至电池容量为 $0.5C_q$,将电池荷电调整为 50%SOC。

(3)将电荷调整为 50%SOC 的电池按照图 2-1 所示连接在测试设备上,首先,用螺栓和螺母将电压、电流采集设备的正极采集片分别连接在电池正极极耳的上、下两侧;然后用同样方法将电压、电流采集设备的负极采集片分别固定在电池负极极耳的上、下两侧。本测试过程使用扭力扳手拧紧螺栓,力矩为 8N·m。以确保连接无松动。

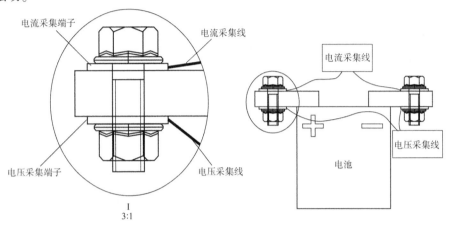

图 2-1 测试设备电缆线分居在电池极耳异侧的连接方式

(4)作为参比对照,将外部电压监控设备日置 HIOKI LR8431 记录仪正极、负极电压采集线分别连接在电池正极、负极极耳上,记录电压采集数据,采集频率为 100ms。

(5)室温下,静置 1h,记录电压 V_0;以 400A(5C)电流放电 10s,记录电压 V_1;静置 40s,记录电压 V_2;以 240A(3C)电流充电 10s,记录电压 V_3。然后分别利用公式 $R_d = (V_0 - V_1)/400A \times 1000$,$R_c = (V_3 - V_2)/240A \times 1000$ 计算直流内阻,其中 R_d、R_c 分别代表放电脉冲内阻、充电脉冲内阻[6]。

(6)拆卸掉电池,重复步骤(1)和(5)5 次;测试的电压平均值及直流内阻计算平均结果见表 2-1。

放电及充电直流内阻平均值测试结果 表 2-1

平均值	V_0(V)	V_1(V)	V_2(V)	V_3(V)	R_d(mΩ)	R_c(mΩ)
计算结果	3.294	2.870	3.263	3.541	1.060	1.160

重复步骤(1)和(2);将电荷调整为 50%SOC 的电池按照行业内常用图 2-2 所示的连接方式连接在测试设备上:首先,用螺栓、垫片依次将测试设备的正极电流、电压采集线连接在电池正极极耳上侧表面;用相同的方法将测试设备的负极电压、电流采集线连接固定在电池的负极上。同样的,使用扭力扳手拧紧螺栓,力矩为 8N·m。以确保连接无松动。

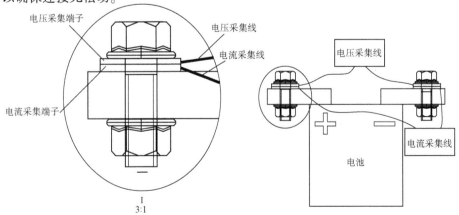

图 2-2 测试设备电缆线位居在电池极耳同侧的连接方式

(7) 重复上述步骤(5)。
(8) 拆卸电池,重复步骤(7)和(8)5次;测试的电压平均值及直流内阻计算平均结果见表2-2。

放电及充电直流内阻测试结果　　　　　　　　表2-2

电压平均值	$V_0(V)$	$V_2(V)$	$V_3(V)$	$R_d(m\Omega)$	$R_c(m\Omega)$
计算结果	3.295	3.265	3.557	1.137	1.217

(9) 为对比本次测试方法测试直流内阻结果,利用外部电压采集装置对电池极耳电压进行采集,测试的电压平均值及直流内阻计算平均结果见表2-3。

放电及充电直流内阻测试结果　　　　　　　　表2-3

平均值	$V_0(V)$	$V_2(V)$	$V_3(V)$	$R_d(m\Omega)$	$R_c(m\Omega)$
计算结果	3.295	3.265	3.543	1.057	1.162

2.2 测试结果与分析

本文采用50% SOC状态下的方形磷酸铁锂电池作为研究对象,恒温箱温度控制在25℃。研究测试设备电压、电流采集线与电池之间不同连接方式对直流内阻的影响。

测试设备电压、电流采集线分居与电池极耳异侧的连接方法测试结果表明:连续5次重复测试,放电直流内阻测试结果与参比对照测试结果最大相对误差为±0.5%,充电直流内阻测试结果与参比对照测试结果最大相对误差在±0.7%,均在±1%之内;另外5次测试结果重复性较高,相对偏差均在±0.5%之内,说明了该种连接方式下,直流内阻的测试结果具有较高的准确性、可靠性及稳定性。测试设备电压、电流采集线位居于电池极耳同侧的连接方法测试结果表明:放电直流内阻测试结果与参比对照的相对偏差为±9%,充电直流内阻的测试结果的相对偏差为±6%;另外5次测试均呈现出重复性较差,说明该连接方式下测试结果准确性低、稳定性差;这种连接方式也是业内常用的连接方式。另外,我们对测试电缆线位居电池极耳同侧的不同情况也进行了实验,无论电流、电压采集线的次序如何,均呈现出重复性差且与参比对照测试结果偏差大的现象,本文不作详细叙述。本实验中的两者的连接次序为电压采集线压在电流采集线上面。

不同连接方式下测试得的直流内阻结果的差异性,根本原因在于测试设备电压采集线所处点位是能够否采集电池的真实电压,且不受测试电流影响。图2-1所示连接方式,测试设备电压采集线直接接触电池极耳,且在测试过程中,电流流经电池极耳上侧表面,不会经过电压采集线;图2-2所示连接方式,测试设备电压、电流采集线紧挨着,此时采集到的电压不是电池真实电压,而是电流线上的电压;而且流经的电流也会影响电压的采集。

参比对照测试方法为上述测试步骤(4),测试结果见表2-3。不同连接方式下直流内阻测试结果与参比对照测试结果对比曲线如图2-3所示。曲线显示:最优连接方式下的测试结果与参比测试结果基本一致;另一种连接方式下的测试结果与参比对照测试结果偏差巨大,且重现性较差。

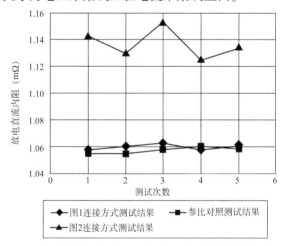

图2-3　不同连接方式下直流内阻测试结果

由于日置HIOKI LR8431记录仪只具备电压采集功能,不具备充放电功能,不能作为常规的工具测试直流内阻。

3 结语

本文以80A·h磷酸铁锂方形电池为研究对象,研究了测试电池与测试设备之间的连接方式对直流内阻测试的影响,研究显示测试设备上电缆线与锂电池的最优连接方式是:电缆线上电压采集线、电流采集线分居在电池极耳异侧。该种连接方式下直流内阻测试结果相对误差在±1%之内,极大地提高了测试结果的准确性和可靠性。

参 考 文 献

[1] 徐晓东,刘洪文,杨权.锂离子电池内阻测试方法研究[J].中国测试,2010,36(6):24-26.
[2] 刘炎金,张佳瑢,魏引利,等.直流内阻对锂电池性能和配组电压一致性研究[J].电源技术,2016,40(1):67-69.
[3] THANH T V,CHEN Xiaopeng,SHEN Weixiang,et al. New charging strategy for lithium-ion batteries based on the integration of Taguchi method and state of charge estimation[J]. Journal of power sources,2015,273:413-422.
[4] 何志超,杨耕,卢兰光,等.基于恒流外特性和SOC的电池直流内阻测试方法[J].清华大学学报(自然科学版),2015(5):532-537.
[5] 王芳,孙智鹏,林春景,等.能量型磷酸铁锂动力电池直流内阻测试及分析[J].重庆理工大学学报(自然科学版),2017(8):44-50.
[6] Freedom CAR Battery Test Manual for Power-Assist Hybrid Electric Vehicle [S]. US:Idaho National Engineering & Environmental Laboratory,2003.
[7] Test method of input and output power density of nickel-hydride battery for Hybrid Electric Vehicles [S]. Japan electric vehicle SOCiety. Japan,2003.
[8] HEV用高功率锂离子动力蓄电池性能测试规范."863计划"电动汽车重大专项.科技部863能源领域办公室,2007.
[9] 武鑫,严晓,王影,等.三元锂电池内阻特性的研究[J].电源技术,2019,43(4):568-570+684.
[10] 徐晓东,刘洪文,杨权.锂离子电池内阻测试方法研究[J].中国测试,2010,36(6):24-26.
[11] 江莉,李永富.精确测量蓄电池内阻方法的研究[J].电源世界,2006(6):28-29.
[12] 王宏志,武俊峰.基于Lab VIEW的锂离子动力电池内阻测试系统[J].自动化技术与应用,2009,28(4):80-82.

纯电动客车噪声分析与优化

赵 松,魏长河,张文辉,王海龙,韩瑞静,刘继红

(北汽福田汽车股份有限公司北京欧辉客车分公司,北京 102200)

摘 要:随着人们对汽车乘坐舒适性的要求越来越高,汽车噪声成为评价纯电动客车性能的重要标准之一。本文针对纯电动客车加速噪声试验时存在的噪声超标问题,利用 LMS NVH 测试分析系统在加速噪声试验过程中采集纯电动客车多处测点噪声数据。通过频谱分析识别出贡献度最大噪声的阶次,结合纯电动客车主要零部件各自对应的主要阶次,识别出噪声值最大阶次对应的零部件,对零部件进一步优化,从而解决纯电动客车噪声超标的问题。

关键词:纯电动客车;噪声;阶次;LMS NVH

0 引言

噪声严重影响人们的工作、生活和身心健康,长期在噪声环境下工作会使人的听力下降,还会造成其他多种疾病。与传统客车相比,纯电动客车没有了发动机和进排气系统,噪声值相对降低。纯电动客车噪声主要来源包括:驱动电机噪声、车桥噪声、轮胎噪声和风噪等。

针对在纯电动客车噪声测试时噪声超标问题,本文采用 LMS NVH 测试分析系统对纯电动客车进行噪声测试,通过对噪声频谱进行分析,找出对噪声贡献最大的阶次,以及整车上产生该阶次振动的零部件,对相应的零部件进行优化从而实现整车降噪。

1 测试背景

本次噪声测试方法参考《汽车加速行驶车外噪声限值及测量方法》(GB 1495—2002),噪声测试场地以测量中心为基点,半径为 50m 的范围内没有大的声反射物,测试路面干燥没有积雪、高草、松土等吸声材料,场地基本水平、坚实、平整。测量时传声器高度的风速不超过 5m/s,背景噪声至少比被测汽车噪声低 10dB。测试工况为:车辆从 50km/h 开始急加速通过 20m 噪声测试路段。测试噪声的传声器布置在离地高度 1.2m 处,距离行驶中心线 7.5m 处。纯电动客车加速噪声测试过程中噪声的最大值应不超过 80dB(A),噪声值超过 80dB(A)视为噪声测试结果不合格。

2 测点布置

纯电动客车中,电机和驱动桥是主要的振动和噪声来源,因此振动传感器和噪声传感器布置在电机和驱动桥端。为了监测车内和车外噪声值,将噪声传感器布置在车外和车内后排座椅处。

采用 LMS NVH 测试分析系统进行整车噪声测试,噪声传感器和振动传感器布置位置如图 2-1 所示。其中声传感器布置在车内、车后以及电机的近场端,振动传感器布置在电机前端盖、机壳及后桥处。

3 噪声测试数据分析

纯电动客车中主要的噪声和振动源电机主要阶次为 12 阶、24 阶、36 阶、48 阶和 72 阶,驱动桥主要阶次为主减齿数的倍数。本文选取两个特殊故障车型,分别对电机和车桥两个零部件优化从而实现整车降噪。

3.1 电机程序对噪声的影响

表 3-1 为某纯电客车 50km/h 加速试验时噪声数据,为了排除整车布置对噪声值的影响,噪声测试时将

两个噪声仪对称布置在测试道路两侧;为了排除风向对噪声值的影响,第1/3次测试为同向行驶,2/4为反方向行驶。通过查询整车参数得出,车速50km/h对应电机转速约为5000r/min。

图2-1 噪声传感器和振动传感器布置

通过测试数据可以看出,该车左侧噪声值低于80 dB(A),右侧噪声值高于80 dB(A),不满足整车噪声低于80 dB(A)的要求,噪声测试不合格。通过左右两侧噪声值对比可看出,每次测试右侧噪声值明显高于左侧。对整车布置进行分析,发现打气泵和风扇均布置于车辆的右侧,因此可以判断左右两侧噪声的差异主要是由于打气泵和风扇产生的。通过对比不同行驶方向噪声测试结果,发现风向对噪声有较小影响。

某纯电客车噪声数据　　　　　　　　　　　　　　　　　　　　　　表3-1

次　序	左侧噪声值[dB(A)]	右侧噪声值[dB(A)]	次　序	左侧噪声值[dB(A)]	右侧噪声值[dB(A)]
1	75.2	81.1	3	76.5	80.6
2	76.3	81.7	4	77.4	80.8

图3-1所示为整车噪声Colormap图,可以看出电机转速为5000r/min左右时噪声的最大贡献阶次为48阶,该阶次的噪声主要由电机产生。通过对电机控制器程序进行标定及反复测试,当电机控制器开关频率降低20%时48阶次噪声在电机转速为5000r/min时有明显的减弱。图3-2所示为调整电机控制器开关频率后的整车噪声Colormap图。

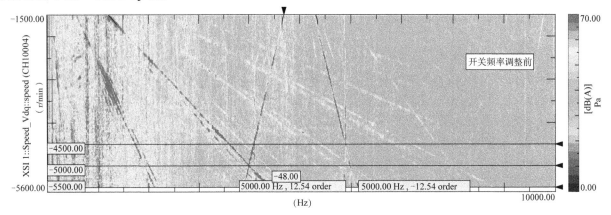

图3-1 噪声Colormap图

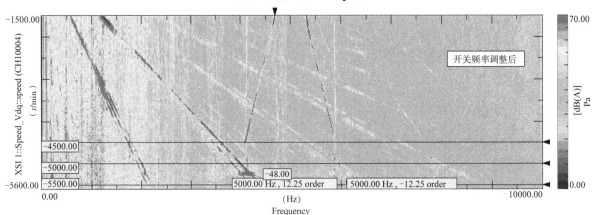

图3-2 控制器开关频率调整后噪声Colormap图

图3-3所示为调整开关频率前后阶次噪声变化,从阶次上看,噪声降低了2.9dB(A)。

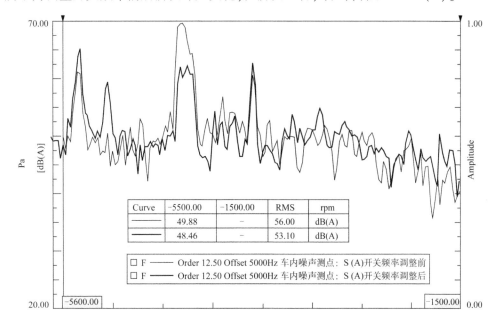

图3-3　调整开关频率前后阶次噪声变化

表3-2为电机程序优化后整车噪声值,通过优化电机控制器程序左右两侧噪声值均降到80 dB(A),电机控制器程序优化后噪声测试合格。

电机程序优化后整车噪声值　　　　　　　　　　　　　　　　　　　表3-2

次　序	左侧噪声值[dB(A)]	右侧噪声值[dB(A)]	次　序	左侧噪声值[dB(A)]	右侧噪声值[dB(A)]
1	75.6	79.9	3	75.3	79.3
2	74.9	79.6	4	74.6	76.5

3.2　车桥对噪声的影响

表3-3为某纯电客车50km/h加速试验时噪声数据,通过测试数据可以看出,该车右侧噪声值低于80 dB(A),左侧噪声值高于80 dB(A),不满足整车噪声低于80 dB(A)的要求,噪声测试不合格。通过左右两侧噪声值对比可看出,每次测试左侧噪声值明显高于右侧。对整车布置进行分析,发现打气泵和风扇均布置于车辆的左侧,此车左右两侧噪声的差异主要是由打气泵和风扇产生的。通过对比不同行驶方向噪声测试结果,发现风向对噪声无明显影响。通过查询整车参数得出,车速50km/h对应电机转速为1900r/min左右。

纯电动客车噪声值　　　　　　　　　　　　　　　　　　　　　　　表3-3

次　序	左侧噪声值[dB(A)]	右侧噪声值[dB(A)]	次　序	左侧噪声值[dB(A)]	右侧噪声值[dB(A)]
1	81.6	77.9	3	81.1	78.3
2	82.1	78.6	4	81.7	77.5

通过噪声Colormap图(图3-4)可以看出,电机转速为1800~2000r/min范围内,27.5阶附近最为显著,是导致噪声超限值的主要因素,且该转速范围内车桥近场端噪声值大于电机近场端。通过振动Colormap图(图3-5)可以看出,电机近场端无27.5阶附近相关振动阶次,车桥近场端及车内后排座椅处有27.5阶附近振动阶次。

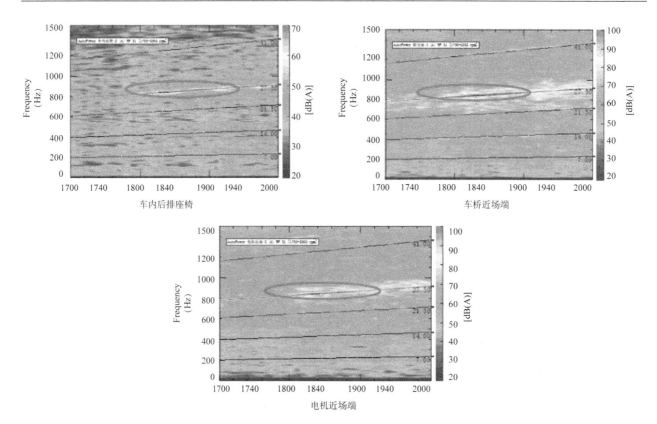

图 3-4 噪声 Colormap 图

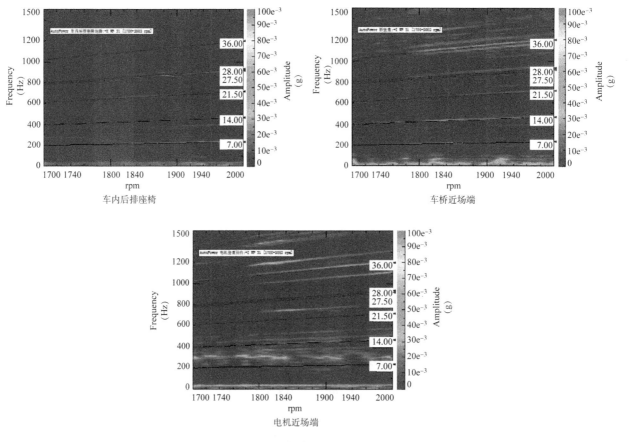

图 3-5 振动 Colormap 图

图 3-6 所示为整车噪声曲线图,可以看出 27.5 阶次附件为噪声的主要贡献,其中车桥近场端和电机近场端贡献最为突出。表 3-4 为整车车内后排座椅、车桥近场端和电机近场端三个位置噪声传感器测得的 27.5 阶次噪声值对比。通过对比可以看出车桥近场端 27.5 阶次噪声值最大为 107.37 dB(A)。

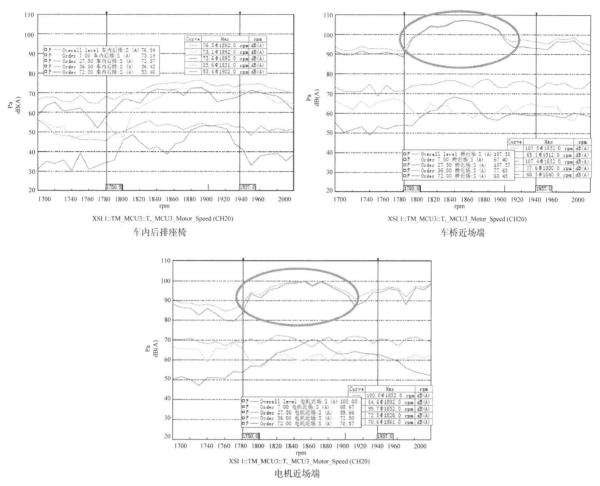

图 3-6 整车噪声曲线图

整车 27.5 阶次噪声最大值　　　　　　　　　　　　　　　　　　　　　　表 3-4

位　　置	27.5 阶次噪声最大值[dB(A)]	位　　置	27.5 阶次噪声最大值[dB(A)]
车内后排座椅	72.57	电机近场端	99.6
车桥近场端	107.37		

本车采用的车桥齿数为 7/43,对应的阶次为 28 阶附近。因此判断该车噪声主要来源可能为车桥,为了排除车桥差异对整车噪声值的影响,更换车桥时选用同批次车型上匹配的同厂家噪声值测试达标的车桥。表 3-5 为更换车桥后复测的噪声值,更换车桥后噪声值降到要求的 80 dB(A) 以下。

更换车桥后的噪声值　　　　　　　　　　　　　　　　　　　　　　表 3-5

次　　序	左侧噪声值[dB(A)]	右侧噪声值[dB(A)]	次　　序	左侧噪声值[dB(A)]	右侧噪声值[dB(A)]
1	78.6	76.6	3	78.9	76.9
2	79.1	77.2	4	79.3	76.2

本文利用 LMS NVH 测试分析系统对两个纯电动客车进行噪声测试,分别测得噪声主要贡献阶次为 48 阶和 27.5 阶,对应整车零部件分别为电机和车桥。通过对电机控制器开关频率调整和更换车桥,有效地降低了整车噪声。

4 结语

本文以纯电动客车为研究对象,针对加速噪声过大的问题,通过 LMS NVH 测试分析系统对整车上多个位置的噪声和振动频谱进行分析,判断出整车上最大噪声对应的阶次。并通过对产生该阶次噪声的零部件进行优化从而降低整车噪声,为今后纯电动客车的开发和整车 NVH 性能优化提供了理论依据。

参 考 文 献

[1] 严刚,夏顺礼,张欢欢,等.某纯电动汽车车内噪声实验分析和识别[J].合肥工业大学学报(自然科学版),2011,34(9).
[2] 中国国家环境保护总局.汽车加速行驶车外噪声限值及测量方法:GB/T 1495—2002[S].北京:中国标准出版社,2002.
[3] 黎志鹏.某纯电动客车振动噪声试验与性能优化研究[D].长沙:湖南大学,2018.
[4] 魏沈平,王燕,范习平.某电动汽车噪声分析及优化[J].北京汽车,2012(1):42-44.
[5] 刘小华,莫崇卫,蒋帅,等.某纯电动汽车驱动电机噪声分析与优化[J].噪声与振动控制,2019(5):68-95.
[6] 张守元,李玉军,杨良会.某纯电动汽车车内噪声改进与声品质提升[J].汽车工程,2016,38(10):1245-1251.
[7] Boynuegri A R,Uzunoglu M,Erdinc O,et al. A new perspective in grid connection of electric vehicles:Different operating modes for elimination of energy quality problems. Applied Energy,2014,132(132):435-451.
[8] 赖剑斌.电动汽车驱动电机噪声分析与试验研究[D].合肥:合肥工业大学,2018.

电动客车的绝缘电阻及影响因素分析

马爱国,王洪军,田 海,凌 添

(比亚迪汽车工业有限公司,深圳 518118)

摘 要:在各种电气设备中,绝缘性能的优劣对电气设备的正常运行和安全用电有着重大影响。衡量绝缘性能的主要标准就是绝缘电阻。本文介绍了绝缘电阻的定义及法规要求,分析了电动客车及动力电池的绝缘电阻模型及各相关影响因素,同时针对各项因素进行了实验验证,直观表现了各项因素对车辆的绝缘电阻影响形式及程度。此外对比解析了几种主流绝缘监测方案,着重分析了一种常用监测方案的原理及缺陷,并提出该客车绝缘监测方案的优化设计,改善了存在缺陷并提升了检测精度。

关键词:绝缘电阻;绝缘监测;电动客车;影响因素

0 引言

随着人们对环境与能源保护意识的逐渐加强,电动车将慢慢成为当今社会的主要出行方式。由于政策支持及市场需求,电动车使用规模在近几年发展迅速。然而电动车的安全技术仍然亟待提高,各种电动车安全事件持续出现在人们的视线中,这也引起了国家对于电动车安全性能的高度重视。本文将对电动客车的绝缘电阻及其影响因素进行分析验证,并对比解析了几种主流车辆绝缘电阻监测方案,最后提出优化设计。

1 绝缘电阻介绍

1.1 绝缘电阻的定义

在《电线电缆电性能试验方法 第5部分:绝缘电阻试验》(GB/T 3048.5—2007)中给出了绝缘电阻的定义,即它是在一定条件下,处于两个导体之间的绝缘材料的电阻,而排除表面电流后由体积导电所确定的绝缘电阻部分称为体积电阻[1]。在各种电气设备中,绝缘材料性能的优劣对电气设备的正常运行和安全用电有着重大影响。衡量绝缘性能的主要标准就是绝缘电阻。

零部件绝缘电阻的测量一般采用绝缘电阻表法,直接读取15s和60s时的绝缘电阻值,把施加电压60s、15s时的电阻R_{60}、R_{15}的比值R_{60}/R_{15}作为吸收比。或读取1min和10min的绝缘电阻,把施加电压10min、1min时的绝缘电阻R_{10}、R_1的比值R_{10}/R_1称为极化指数。绝缘电阻、吸收比和极化指数的测量是评价电气设备绝缘质量最基本的方法。绝缘电阻高,吸收比较低,是绝缘良好的表现。

1.2 通过绝缘电阻的电流

直流电压加到电力设备的绝缘介质上时,会有一个随时间逐渐减小,最后趋于稳定的电流通过。这个电流可视为由电容充电电流、吸收电流和泄漏电流三部分组成,如图1-1所示[2]。

(1)电容充电电流。直流电压作用到电力设备的绝缘介质上,加压瞬间相当于电容充电,产生一个随时间迅速衰减的充电电流,如图1-1a)中的i_1所示。电容充电电流实际是由于在电场作用下介质分子的快速极化过程形成的位移电流,由于这一极化过程瞬时快速完成,因而充电电流i_1瞬间即逝。

(2)吸收电流。由于不同介质电性能的差异产生吸收现象而引起的电流,称为吸收电流,如图1-1a)中

的 i_2 所示。

(3) 泄漏电流。当直流电压加到被试品时,绝缘介质内部或表面会有带电离子,这些离子做定向移动形成电流,称为泄漏电流。如图1-1a)中的 i_3,其数值等于总电流 i 趋于稳定后的数值 I。图1-1b)是等效电路图,总电流 $i = i_1 + i_2 + i_3$,电流稳定后用 I 表示。

绝缘电阻 R 的读数在加电压初期是随时间变化的。最初总电流 i 具有最大数值,这时电阻 R 最小。由于电容充电电流 i_1 很快衰减,吸收电流也随时间衰减,因此总电流 i 随加压时间 t 的延长而逐渐衰减,电阻与电流成反比,因此测得的绝缘电阻 R 是随加压时间的延长而逐渐上升的。最后,当充电电容电流 i_1 和吸收电流 i_2 都衰减到趋近零,总电流 i 趋于稳定,等于泄漏电流 i_3。

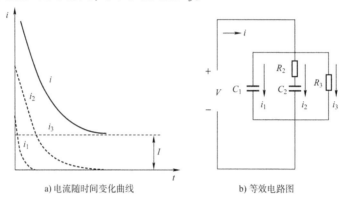

a) 电流随时间变化曲线　　　b) 等效电路图

图1-1　通过绝缘电阻的电流成分

1.3　绝缘电阻的要求

在即将颁布的电动车三大安全强制标准中,均对绝缘电阻有着详细的要求,由此可见绝缘电阻是安全领域中最重要的参数之一。

《电动客车安全要求》(GB 38032—2020)中要求:整车涉水试验完成后10min内,整车绝缘电阻值应大于1MΩ。

《电动汽车安全要求》(GB 18384—2020)中要求:

(1) 在最大工作电压下,直流电路绝缘电阻的最小值应大于100 Ω/V,交流电路应大于500 Ω/V。如果直流和交流的B级电压电路可导电的连接在一起,则应满足绝缘电阻大于500 Ω/V。

(2) 车辆充电插座的绝缘电阻,包括充电时传导连接到电网的电路,当充电接口断开时应不小于1MΩ。

(3) 车辆应有绝缘电阻监测功能,在车辆B级电压电路接通且未与外部电源传导连接时,能够持续或者间歇地检测车辆的绝缘电阻值,当该绝缘电阻值小于制造商规定的阈值时,应通过一个明显的信号(例如:声或光信号)装置提醒驾驶员。

《电动汽车用动力蓄电池安全要求》(GB 38031—2020)中要求:电池包或系统在进行完任意性能试验后其绝缘电阻值均不得小于100Ω/V。

2　绝缘电阻的模型

绝缘电阻并非一定是直观存在的一种"电阻",即使是两个在空间上相互分离的导体,它们中间也存在着绝缘电阻,这是一种对导电性能优劣的判定参数而并非是对"客观实物"的描述。因此,电动车上所有的电器与车身地之间都存在着绝缘电阻。但一般情况下,绝缘电阻多用于考量高压电器的电气安全性能,因为额定电压在人体安全电压36V以内的低压电器即使绝缘电阻很小,也不会因低压漏电而对人体造成伤害。

动力电池组正、负极接线端子及其连接线束对外壳分别存在绝缘电阻,外壳对车身地存在绝缘电阻,这些电阻等效为电池直流正负母线对地绝缘电阻 R_N 及 R_P;直流设备正、负极接线端子及其连接电缆对车身地也存在绝缘电阻,这些绝缘电阻又以串、并联的形式等效为电气设备正、负极对车身地的等效绝缘电阻 R_{N1}

及 R_{P1}；同理，交流设备中，也可得到三相线对地等效绝缘电阻 R_A、R_B、R_C[3]。

电动车的绝缘电阻简易模型如图 2-1 所示。

由此可见，整车的绝缘电阻是由车上所有的高压零部件的绝缘电阻共同决定的，其模型为所有电阻的并联模型。同理，每个电池包的绝缘电阻，由其中包含的所有电芯的绝缘电阻决定，而整个电池系统的绝缘电阻，由其中包含的所有电池包的绝缘电阻决定。电池包及系统的绝缘电阻模型如图 2-2 所示。

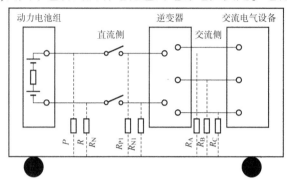

图 2-1 电动车的绝缘电阻简易模型

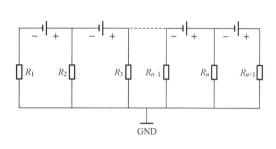

图 2-2 电池包及系统的绝缘电阻模型

因此，要想做好整车绝缘电阻的设计与管控，最重要的方法之一就是保证零部件的绝缘电阻符合相应的要求。

3 绝缘电阻的影响因素

3.1 温度影响

就一般情况而言，绝缘介质的绝缘电阻和吸收比是随温度的上升而下降的。

原因一：温度升高后加速了绝缘介质内部电子和离子的热运动。

原因二：在低温条件下，绝缘介质中的水分是与其他介质紧密结合的，当温度升高后，水分子就向电磁场两极延伸，因而增加了绝缘介质的电导性能，故绝缘电阻就呈指数规律下降了。

有资料表明：一般的绝缘体温度每变化 8℃～10℃，其绝缘电阻就会变化一倍的量。

为验证温度对车辆绝缘阻值影响，针对车辆高低温实验进行了数据采集，详情如下（上方为绝缘阻值曲线，下方为温度曲线）。

（1）在进行温升实验时，我们可以清楚地看到，随着温度的上升（下方彩色曲线），车辆的绝缘阻值在逐渐下降（上方红色曲线），如图 3-1 所示。

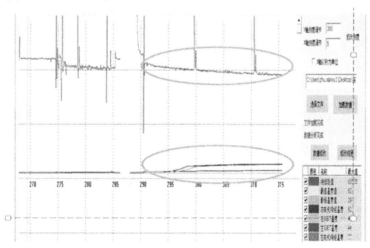

图 3-1 某电动车高低温实验的温升数据图

(2)在进行温降实验时,我们可以清楚地看到,随着温度的缓慢下降,车辆的绝缘阻值在逐渐上升,如图3-2所示。

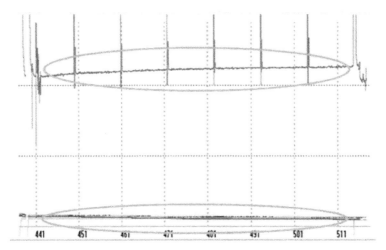

图3-2　某电动车高低温实验的温降数据图

(3)在进行温度循环实验时,我们可以清楚地看到,随着温度的上下波动,车辆的绝缘阻值也呈现出相反的波动趋势,如图3-3所示。

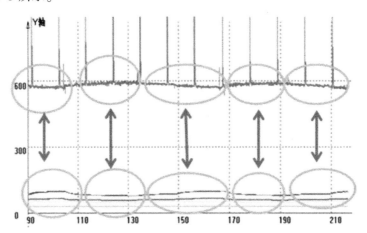

图3-3　某电动车高低温实验的温度循环数据图

由上述记录中车辆绝缘阻值与零部件(电池、IGBT、电机绕组等)温度对应情况来看,车辆绝缘阻值呈现随零部件温度升高而降低、随温度降低而升高的趋势,基本与理论一致。

但由于最高温升有限(至90℃左右),车辆绝缘阻值下降最大仅几十千欧,因此在有限温度范围内温度对整车绝缘阻值影响不大。

3.2　湿度影响

随着环境湿度的不断增加,电气设备绝缘材料上面的水分会越来越多,这将会大大提高材料电导率,从而使得设备的绝缘电阻和耐压强度降低。湿度主要影响表面泄漏电流:绝缘表面吸附潮气,形成水膜,水中含有的溶解杂质或绝缘物内含有的盐类、酸类物质会被水分解电离,进而提高了电导率,使绝缘电阻明显降低。因此,绝缘体受潮后绝缘电阻会变小。

同时相对绝缘介质而言,水的介电常数较大,增大了介质(如空气)的导电性,使容性耦合易于发生且击穿电压降低。下面举出两个实例。

【例3-1】　雨后测量得出的氧化锌避雷器绝缘电阻仅为3000MΩ,但在表面干燥的情况下绝缘电阻会上升到10000MΩ以上。

【例3-2】　某电雷管生产中测试绝缘电阻不合格的产品,将其存放于盛有硅胶的密闭干燥器中48h后,测试绝缘电阻均合格,将其裸露放到库房中一个月,测其绝缘电阻又恢复到原来的不合格水平。

因此,对于绝缘电阻的要求需要规定在特定温度、湿度等条件下进行测量。

针对雨天是否会对车辆绝缘阻值造成显著影响,笔者分别在晴天、雨天对某电动客车进行了绝缘阻值的测试,如图3-4所示。

参照《电动汽车安全要求》(GB 18384—2020)"6.2.1 整车绝缘电阻测试"所述双表法对车辆进行测试。主要测试工具为万用表及电阻箱,如图3-5所示。具体测试步骤如下:

(1) 先测试整车正、负极对地的电压 U_+、U_-。

(2) 由于漏电传感器中激励电源会周期性变向,导致测试电压波动,因此需要先断掉漏电传感器。

图3-4 某电动车雨天绝缘电阻测试

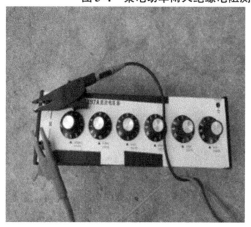

图3-5 双表法测试工具

(3) 在电压高的一端并上 $R_0=1\mathrm{M}\Omega$ 的电阻箱,再测试正、负极对地的电压 U_+'、U_-'。

(4) 根据公式:

$$R = R_0 \times (U_+'/U_-' - U_+/U_-) \tag{3-1}$$

可以求得整车绝缘电阻 R 的阻值。

测试布置如图3-6所示。

通过测试可知,该车绝缘电阻为6MΩ左右,同时晴天、雨天绝缘阻值无明显变化。

分析原因为:雨水仅在车身外部(未进入至后舱等电器布置空间),且雨水尚未来得及蒸发至车内空气中,因此未造成空气介电常数增大。

3.3 磁场影响

图3-6 测试布置

外界磁场越强,对绝缘阻值影响越大。如果环境中的外磁场较强,则应考虑交变磁场产生的影响。在交流电路中,由于每个线圈都能产生交流磁场,所以,各元件之间由于磁场所产生的影响会造成较大的影响。例如,一台变压器的绝缘电阻为3700MΩ,但在强磁场下(例如旁边有电抗器),其绝缘电阻只有800MΩ。

3.4 电场影响

当运行电压不正常时,电压升高,游离电子在电场中游离速度提高,游离电子与晶格结点原子相撞,产生电击穿。

由于绝缘体之间可能形成电容,导致交流电通路,进而引发电流泄漏或影响电器元件。电场的影响可表现为导体间电容泄漏电流,这种电容性漏电会导致绝缘电阻值发生变化。

在长时间直流电压作用下,即使电压远低于局部放电起始电压,绝缘介质(如电缆绝缘层)内部进行电化学过程使介质老化,从而影响绝缘性能。

3.5 耐久及可靠性

绝缘老化:材料随使用程度及时间变化而发生老化,导致绝缘性能发生不可逆下降现象(击穿强度降低、介质损耗增加)。

为验证材料老化对车辆绝缘阻值的影响,通过车辆监控后台大数据对比同批次车辆在不同行驶里程下的绝缘电阻,并以此建立散点热力图进行分析(图3-7)。通过图像可知,几万千米的运营里程对车辆的绝缘电阻没有明显影响,该项对比试验仍需长期监控才能建立较为直观的影响趋势。

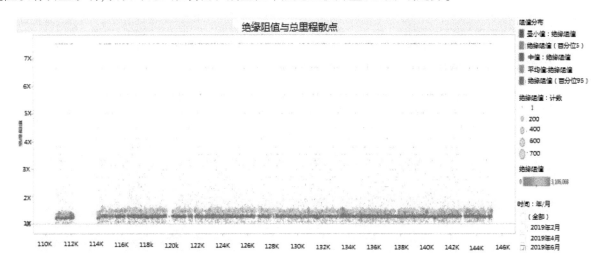

图3-7 行驶里程—绝缘电阻的散点热力图

4 现行绝缘监测方案

4.1 电桥检测法

(1)平衡桥检测法(图4-1)。绝缘性能良好的情况下,正、负母线对地的绝缘电阻可以认为是相等的,正、负端子可作为两个桥臂,地可以作为一个桥臂,另外,可以在正、负母线之间串联两个等值的较大的电阻,两电阻之间是一个桥臂,这样就构成了一个平衡电桥电路。在地与串联的两电阻之间串上电流表,在绝缘良好的情况下,流过两桥臂之间的电流为零,一旦一端绝缘下降,电桥便失去平衡,电流表便有电流流过。

缺点:对构建的电路的精确度要求很高,另外,在正、负极绝缘性能同时降低时,电桥仍然保持平衡无电流,测量不准确。同时并联平衡桥使车辆绝缘阻值下降。

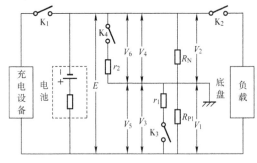

图4-1 电桥检测法原理图

(2)不平衡桥检测法:缺点是车身地中性点偏移,且车辆绝缘阻值下降。在这里不作赘述。

4.2 信号注入法

(1)交流信号注入法(图4-2)。将信号通过电池的一端注入,将霍尔检测传感器加在负载上。正常情况下负载线流入和流出的电流大小相等,传感器无信号输出,当电池的正、负母线与地相接出现绝缘故障时,部分交流电流通过搭铁电阻与地形成回路,负载线上流入和流出电流不再相等,传感器发出电压信号警报。

该方法的优点是不降低绝缘阻值也不会使中性点偏移,能够检测出正、负母线绝缘电阻同时下降时的情况;缺点是交流信号的注入不仅增大了直流供电系统的纹波系数,影响供电质量,而且交流信号受到电路分布电容的影响,最终的检测精度不是很高。国网技术规范已提出,绝缘检测装置不宜对直流电源系统注入交流信号。

(2)直流信号注入法(图4-3)。通过PWM信号控制隔离变压器,分别给电池正、负母线与车体之间注入高压直流信号,进行绝缘电阻的测量。这种方法利用直流高压进行绝缘电阻的检测,能够提高检测的精度,但是瞬间的高电压对于电路的冲击很大,电路结构复杂,且PWM波的稳定性也存在问题。

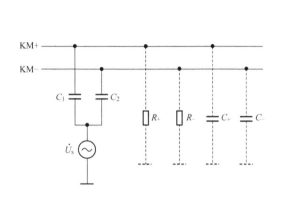

图4-2 交流信号注入法原理图

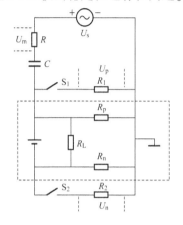

图4-3 直流信号注入法原理图

4.3 一种常用的绝缘监测原理分析及优化

业内一种常用的绝缘监测方案使用低压直流信号注入法(图4-4)。监测原理如下:R_1为1MΩ,V_1为双向48V电压源,切换频率为1Hz。R_2为采样电阻,阻值为3.6kΩ。U为漏电传感器内部正反向切换电压源,通过正反向切换48V电压源,算出R_1、R_2、R_x回路中的电流,进而计算出R_x。

电压正向时:

$$R_x = \frac{V_1 + V_3}{I_1 - (R_1 + R_2)} \quad (4-1)$$

电压反转时:

$$R_x = \frac{V_1 - V_3}{I_2 - (R_1 + R_2)} \quad (4-2)$$

结合上述两个式子可知:

$$R_x = \frac{2V_1}{(I_1 + I_2) - R_1 - R_2} \quad (4-3)$$

图4-4 一种绝缘监测原理图

其中I_1和I_2由漏电传感器MCU测量,I_1和I_2通过V_2/R_2求得,上式中V_3为等效绝缘电阻两端电压。

由上述原理分析及实际测试结果可得出:

(1)车辆实际绝缘阻值为高压正极绝缘阻值、高压负极绝缘阻值、漏电传感器电阻三者的并联值,而漏电传感器检测的仅为高压正负极绝缘阻值两者的并联值,比实际整车绝缘阻值要大,可能无法精确地起到漏电保护的作用。

(2)该检测原理只能检测到绝缘阻值下降但并不能区分是高压正极搭铁还是高压负极搭铁。同时漏电传感器电阻自身的搭铁风险为整车多提供了一种漏电工况。

(3)一般情况下正极绝缘电阻与负极绝缘电阻大小一致,使车身地电位处于电压平台中性点(0V左右),但由于漏电传感器电阻与负极绝缘电阻并联,导致实际整车负极绝缘电阻大幅下降,使得负极分压变小,导致车身地电位向负极偏移。以电平台560V为例,表现形式如下:正极共模电压为500V而负极共模电

压仅为 -60V(地电位为中性点时应为正负280V左右)。

(4) 从 Y 电容储能角度来说，由于 $W=0.5CU^2$，地电位的偏移造成的正极共模电压上升使正极储存电能呈指数上升，不利于车辆电安全及标准法规中0.2J的储能阈值。

(5) 充电时，车身地与远端电网地相接，由于电网地电位为0而车身地电位为负，则连接瞬间会有瞬时电冲击(N线、pe线)将车身地电位拉高至0，同时正负极两端的分压由于地电位变化而改变(负极分压增大正极分压减小)，正极 Y 电容放电给负极 Y 电容充电，形成环流，可能造成三相不平衡，如图4-5、图4-6所示。

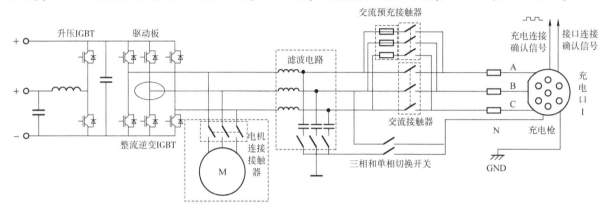

图4-5 充电地电位示意图

(6) 在实际情况中，由于车辆高压电器与车身地之间存在较大的寄生电容，会影响绝缘监测系统的计算结果。在同等绝缘电阻条件下，寄生电容大会导致电容充电时间较长，因此在检测周期较短的情况下漏电传感器 MCU 检测到的电流 I 包含了电容充电电流而并非只是单一的泄漏电流，因此(I_1+I_2)的测量数值会偏大，导致计算得出的 R_x 小于车辆实际绝缘电阻值。

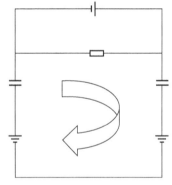

图4-6 电容环流示意图

针对以上问题，提出以下措施进行优化：

(1) 通过计算将漏电报警的阈值进行适当提高，通过足够的冗余来消除由漏电传感器电阻带来的数值偏差。

(2) 增大漏电传感器电阻的同时，在正极与车身地之间也接入同等大小的大电阻，在保证车身地电位为中性点时也不会对车辆绝缘电阻有较大影响。

(3) 在管控零部件及整车 Y 电容(包含寄生电容)大小的同时，调整检测周期，使电容充电电流趋近于0便可保障绝缘阻值的检测精度。在实际测试中，对于 Y 电容较大的车辆使用长时检测周期得出的绝缘阻值要明显大于短时检测周期得出的绝缘阻值，如图4-7、图4-8所示。

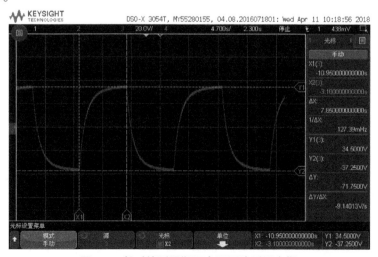

图4-7 长时检测周期下电压可达到平台期

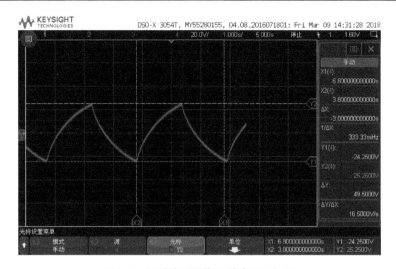

图 4-8 短时检测周期下的电压"尖波"

5 结语

本文通过对绝缘电阻进行简单的介绍,分析了绝缘电阻的作用及相关影响因素,并对实车案例进行了测试及验证。无论是对于人体安全还是车辆电气性能,绝缘电阻都起着十分重要的作用,需要工程师在产品和车辆的设计到生产的全生命周期中都要十分重视。在后续工作中提升绝缘电阻在各种极端恶劣环境中的稳定性是具有重大意义的。

参 考 文 献

[1] 中华人民共和国国家标准.电线电缆电性能试验方法 第5部分:绝缘电阻试验:GB/T 3048.5—2007[S].北京:中国标准出版社,2007.

[2] 刘廷敏.电力变压器的绝缘电阻测量与分析研究[J].电子测试,2017(14).

[3] 史慧玲,魏学哲,戴海峰.电动汽车电池包单点及多点绝缘模型及检测方法[J].机电一体化,2013(08).

[4] 林泽荣.变压器制造中绝缘电阻偏低的原因解析[J].科技与创新,2015(07).

基于JAVA的电池溯源数据筛选平台的设计与实现

王 昆,李式兵,田 鹏,王庆灿

(中通客车控股股份有限公司,山东 聊城 252000)

摘 要:针对国家动力蓄电池回收利用溯源综合管理平台(车载管理模块)中EXCEL接口上传电池溯源数据,设计一种基于JAVA的电池溯源数据筛选平台。经过验证,使用平台整理电池溯源数据工作时间明显缩短,提高了工作效率。

关键词:新能源;电池溯源;JAVA;SSM框架

0 引言

新能源汽车产业发展迅速,对于动力蓄电池若不加以合理处置,将会产生严重的环境、资源、安全问题。2018年2月工信部等七部委联合发布《新能源汽车动力蓄电池回收利用管理暂行办法》[1],明确了动力蓄电池回收利用管理范围、相关责任与要求、监督措施等内容。2018年7月工信部发布《新能源汽车动力蓄电池回收利用溯源管理暂行规定》,明确动力蓄电池回收利用溯源管理思路与实施程序[2],规定了溯源信息上传内容、主体、时间等要求。

2018年7月31日,新能源汽车国家监测与动力蓄电池回收利用溯源综合管理平台在北京启动运行[3],企业可通过EXCEL模板手动导入数据,针对此方式上传溯源数据特别是其中生产信息上传,存在数据来源分散,整理数据占用较多时间,并且容易出现数据匹配错误等问题。

基于以上考虑,本文设计基于JAVA的电池溯源数据筛选平台。平台试运行结果表明:该平台可实现分散数据集中储存,按照新能源汽车国家监测与动力蓄电池回收利用溯源综合管理平台中EXCEL接口上传要求,导出上传数据。

1 关键技术介绍

本文设计开发的电池溯源数据筛选平台基于JDK8的开发环境,前端设计使用HTML、CSS、JavaScript开发工具集,后端程序开发使用Intellij IDEA开发工具,利用maven3.6实现项目依赖管理,利用Tomcat7.8作为服务器,数据服务器使用MySQL5.7,采用SSM(Spring + Spring MVC + MyBatis)程序框架。

SSM框架将整个项目大致分为Web层(SpringMVC)、service层(Spring)和DAO层(mybatis)。SpringMVC框架可分为C-controller控制器,接收用户请求[4]。M-model业务处理模型,可由控制器调用,处理数据。V-View视图,给用户展示内容。mybatis使用简单的XML或注解配置更加方便数据库操作。Spring是一个轻量级控制反转(IoC)和面向切面(AOP)的容器框架[5]。使用SSM框架可以提高设计过程的工作效率,增加代码的复用率。

2 平台结构设计

根据平台功能需求,本平台的浏览器显示分为登录页面和操作页面两部分。

因本平台定位为内部技术人员使用平台,登录页面设计不涉及用户注册、密码修改等功能,登录使用的用户名及密码直接部署在数据库中,平台登录时校验用户名和密码,校验成功则页面跳转,校验失败则提示错误信息[7]。

操作页面主要分为车辆信息和电池信息操作页面[6]。页面操作分为车辆生产信息、车辆销售信息、电池信息的导入、车辆数据查询、批量车数据查询、车辆电池信息导出到 EXCEL 文件。

平台程序设计分为数据层持久层、业务逻辑层和显示层。平台框架结构如图 2-1 所示。

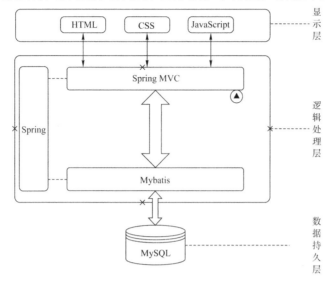

图 2-1 平台框架结构图

3 平台实现

3.1 数据库表设计及实现

根据电池溯源数据筛选平台数据需求,设计相对应的数据表用来存储相关数据。创建的数据表如下:
(1)用户信息表:用于登录验证使用。
(2)车辆生产信息表:用于记录车辆合格证上相关信息。
(3)车辆销售信息:用于记录卖出车辆相关销售信息,包括车辆车牌、销售日期、购买车辆的车主信息。
(4)车对应电池包信息:用于记录每辆车安装的电池的电池包编码。
(5)电池模块信息:用于记录每个电池包包含的电池模块编码。
(6)电池单体编码:用于记录每个电池模块包含的电池单体编码。

车辆溯源数据模型表如图 3-1 所示。

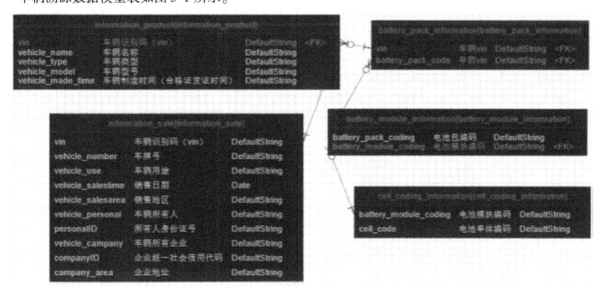

图 3-1 溯源数据模型表

3.2 SSM框架实现

Spring作为一个业务逻辑层框架,能够将数据持久层Mybatis和显示SpringMVC进行整合[8]。具体整合过程如下:

(1)在Intellij IDEA中创建maven管理的web项目,在pom.xml中添加Spring、SpringMVC、Mybatis整合需要的jar包依赖。

(2)添加JDBC相关配置内容,主要配置内容为数据库服务地址、登录数据的用户名和密码[9]。

(3)在web.xml文件中添加Spring、SpringMVC相关配置,在spring-mvc.xml文件中添加controller扫描、注解驱动、静态资源扫描、视图解析等配置[10]。

(4)在spring-dao.xml文件中间添加SqlsessionFactory、Mapper扫描配置。

3.3 代码实现

本平台代码采用分层模式,以登录验证为例介绍分层代码。

(1)显示层:前端显示主要使用HTML、CSS、JS设置浏览器样式,通过ajax方式提交请求,Controller根据URL接收页面请求,并将处理后的数据返回页面显示。

(2)业务逻辑层:Controller接收到请求后,调用Server数据逻辑处理程序,处理数据[10]。

(3)数据持久层:业务逻辑层调用Dao层的SQL语句操作数据库表中的数据,进行数据验证及增删改查功能。

4 平台功能测试

经过测试验证,平台输入正确用户名密码可实现登录跳转页面,用户名记密码输入错误则提示信息错误。根据预设EXCEL模板可实现车辆溯源数据的导入,也可以导出车辆的电池编码信息。

5 结语

本文基于SSM轻量级框架技术,使用MySQL数据库完成电池溯源数据筛选平台的设计。经过测试使用,该平台可以实现预定功能,整理电池溯源生产信息时,大大提高了工作效率。同时本平台的成功设计也为以后的软件平台开发积累了宝贵的经验。

参 考 文 献

[1] 郭艳.新规正式公布动力蓄电池的回收利用能否开启"蓝海"时代?(下)[J].资源再生,20018(8):16-21.
[2] 宋龙艳.打通动力蓄电池 再生之路[J].投资北京,2018(9):48-49.
[3] 薛杨,赵建有.新能源汽车动力电池回收利用刻不容缓[J].汽车实用技术,2018(2):20-22.
[4] 王晓洁,秦冰峰.基于SpringBoot2.0框架的信息管理系统的设计与实现[J].电子元器件与信息技术,2018(12):29-31.
[5] 干佳林,何贞铭,廖环宇.JFinal与SSH在JavaWeb应用开发中的研究[J].电脑知识与技术,2019(7):81-82.
[6] 刘庆海,徐雪梅,晏小飞.SSM在社区网格化管理平台中的设计与应用[J].电脑编程技巧与维护,2018(10):100-102,127.
[7] 王涛.保险行业电子商务系统设计与开发[D].天津:天津大学,2016.
[8] 杨卓.基于Ajax的SSH框架的应用研究[D].重庆:重庆大学,2009.
[9] 王博.基于网络的实训室管理系统的设计与实现[D].河北:河北科技大学,2010.
[10] 李珑.便携式微生物检测系统的云存储与共享系统[D].大连:大连理工大学,2019.

某轻型客车风阻系数优化对经济性改进分析

杨情操,袁刘凯,沈 香,高宏亮,过轶闻

(南京依维柯汽车有限公司,江苏 南京 211806)

摘 要:某轻型客车通过 AVL CRUISR 软件进行经济性仿真分析,发现在高速区域经济性较差,油耗偏高,在不改变整车整体造型设计情况下,对保险杠下部区域进行优化,通过 STAR – CCM + 软件进行 CFD 仿真分析,采用在保险杠下增加阻风板的方案,跟原方案相比,整车风阻系数降低 7.5%。对改进后方案进行实车滑行测试后进行经济性仿真分析,在 120km/h 时,经济性提供较为明显,油耗降低 4.3%,为后续类似优化提供了参考。

关键词:风阻系数;经济性;CFD

0 引言

近年来,国内相关整车燃料消耗量标准日益趋严,M1 类轻型客车的整车燃料消耗量标准已经制定实施,虽然单车油耗限值较为宽泛,但 2016—2020 年,企业平均燃料消耗量目标值逐年加严,直至 2020 年燃料消耗量将在 2016 年基础上下降 36% 左右。重型车公告燃料消耗量限值 2018 版在 2014 版基础上下降 15% 左右[1]。

本文以某轻型客车为基础车型,对整车局部优化,降低风阻系数,通过仿真分析及实际滑行测试,分析优化风阻系数对经济性的效果影响。

1 燃油经济性仿真计算

1.1 整车基本参数

某轻型客车为多用途乘用车,匹配 2.3L 变截面涡轮增压器发动机和 5 挡手动变速器,基本参数见表 1-1。

整车基本参数表　　　　表 1-1

项　目			参　数
整车长度(mm)			5011
整车高度(mm)			2307
整车宽度(mm)			2011
质量参数	空载	整备质量(kg)	2150
	满载	满载质量(kg)	3550
发动机		额定功率/转速[(kW)/(r/min)]	95/3200
		最大转矩/转速[(N·m)/(r/min)]	300/1800
传动系统	变速器	型号	A
		Ⅰ挡	4.994
		Ⅱ挡	2.598
		Ⅲ挡	1.522
		Ⅳ挡	1.000
		Ⅴ挡	0.777
		R挡	4.506
后桥		主减速器速比	3.615
轮胎		轮胎规格	215/75R16LT

1.2 建立仿真分析模型

由奥地利 AVL List 公司开发的 CRUISE 软件是用于汽车能量和驾驶质量研究的工具。它可用于汽车开发过程中的动力系统、传动系统以及汽车性能的匹配、预测和整车仿真计算[2,3]。本文利用 CRUISE 软件进行汽车燃油经济性与动力性(energy drive quality,EDQ)仿真分析,建立仿真分析模型如图1-1所示。该车型为量产前样车,阻力曲线为该样车实测滑行阻力值。

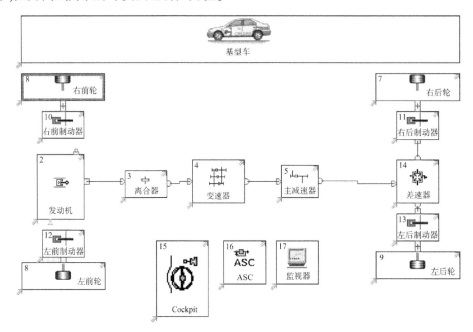

图 1-1 基型车 cruise 仿真模型

1.3 整车燃油经济性计算及结果分析

该轻型客车最大总质量为3550kg,超过3500kg,为重型车,计算最高挡等速油耗,结果见表1-2。

燃油经济性仿真分析结果　　表 1-2

工　况	油耗(L/100km)
等速　最高挡	
40km/h	5.5
50km/h	6.2
60km/h	6.9
70km/h	7.5
80km/h	8.4
90km/h	9.5
100km/h	10.8
110km/h	12.3
120km/h	14.1

从计算结果可知,低速区域油耗较低,传动系统效率较高,低速滚阻较小,但当车速超过100km/h时,油耗已超过10.8L/100km,当车速为120km/h时,油耗达到14.1 L/100km,高速区域油耗较高,需要重点考虑降低高速区域油耗。根据汽车理论,空气阻力与速度的平方成正比,因此降低风阻系数,可以有效降低高速区域油耗[4]。

2 整车风阻优化

2.1 整车数据

整车参数见表1-1,整车外形如图2-1所示。

2.2 方案对比

样车的外造型已基本确定,整体可变动范围较小,因此重点从局部风阻系数优化进行分析。从减少底盘件扰流方面分析,主要从减少动力总成扰流和悬架系统等方面考虑,形成两个方案,如图2-2所示。

方案一:在发动机舱下增加下护板,减少发动机油底壳及前悬架扰流。

方案二:在保险杠下增加阻风板,减少保险杠与底盘件之间的扰流。

图2-1 整车外形

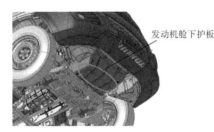

a) 方案一

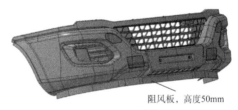

b) 方案二

图2-2 风阻优化方案

2.3 整车外流场分析模型

对两个方案进行外流场仿真分析,分析模型网格类型:Trimmer;网格数量:约5190万(About 51.9 million);湍流模型:Realizable k-ε;离散格式:二阶(Second order);数值风洞尺寸:X方向为车前3倍车长,车尾7倍车长;Y方向为单侧5倍车宽;Z方向为5倍车高;风洞壁面:壁面光滑;风速:120km/h。整车外流场分析模型如图2-3所示。

图2-3 整车外流场分析模型图

2.4 CFD分析结果

对整车外流场分析模型采用STAR-CCM+软件进行分析求解。STAR-CCM+是CD-adapco公司采用最先进的连续介质力学数值技术(computational continuum mechanics algorithms)开发的新一代CFD求解器[5],得到CFD仿真分析,两个方案的结果见表2-1。

从表2-1可知,方案二比方案一降低风阻系数更优,与原方案相比,降低风阻系数达7.5%,故选择方案二实车试装并进行滑行测试。

CFD 仿真分析结果 表 2-1

指　标	原方案	方案一	方案二
风阻系数 C_d	0.455	0.452	0.421
与原方案相比,降低风阻系数 C_d	—	0.003	0.034
与原方案相比,降低风阻系数 C_d 百分比(%)	—	0.7	7.5

3　试验验证及仿真分析

对于方案二,在保险杠下增加阻风板,如图 3-1 所示。

图 3-1　方案二实车图

在整车上进行实车滑行阻力测试,并按新的滑行阻力进行 CRUISE 仿真分析,得到在方案二改进后的最高挡等速油耗,结果与原方案对比见表 3-1。

燃油经济性仿真分析结果 表 3-1

工　况		原方案油耗(仿真)(L/100km)	方案二油耗(仿真)(L/100km)	油耗降低(L/100km)	油耗降低百分比(%)
等速　最高挡	40km/h	5.5	5.5	0	0.0
	50km/h	6.2	6.2	0	0.0
	60km/h	6.9	6.8	0.1	1.4
	70km/h	7.5	7.4	0.1	1.3
	80km/h	8.4	8.3	0.1	1.2
	90km/h	9.5	9.3	0.2	2.1
	100km/h	10.8	10.5	0.3	2.8
	110km/h	12.3	11.9	0.4	3.3
	120km/h	14.1	13.5	0.6	4.3

从表 3-1 可知,在 120km/h 时,油耗降低 4.3%,在高速区域降低油耗较为明显。

4　结语

本文针对某轻型客车通过 AVL CRUISR 软件进行经济性仿真分析,发现在高速区域油耗偏高,在不改变整体造型情况下,对保险杠局部区域进行优化,通过 STAR – CCM + 软件仿真分析,采用在保险杠下增加阻风板的方案,跟原方案相比,降低整车风阻系数 7.5%。对改进后方案进行实车滑行测试后进行仿真分析,在 120km/h 时,经济性提升较多,油耗降低 4.3%,为后续类似优化提供了参考。

参 考 文 献

[1] 杨情操,朱晓,张飞.整车燃料消耗量标准变化趋势分析[J].标准科学,2017(3):85-89.
[2] 姜健,校辉,吴朝晖,等.某款轻型商用车降油耗方法[J].中国机械工程,2014(12):3403-3407.
[3] 杨情操,邹小俊,朱晓,等.基于Cruise的冷藏车动力链匹配优化分析[J].上海汽车,2017(11):26-29.
[4] 余志生.汽车理论[M].北京:机械工业出版社,2005.
[5] 杨情操,邹小俊,张汤赟,等.基于STARCCM+的某轻型客车冷却系统改进[J].湖北汽车工业学院学报,2017(03):9-12.

新能源智慧公交系统的快速充电技术研究

徐冬美,戴立伟,张密科

(中国公路车辆机械有限公司,北京 100055)

摘 要:本文以雄安新区10m纯电动公交车为研究对象,采用"慢充+快充"相结合的充电模式,研制出具有国际领先水平的充电弓、受电弓机构。提供了一种快速、安全、智能的充电解决方案,对雄安新区智慧交通建设和车辆选型配置能提供一定的技术参考。

关键词:纯电动公交车;充电模式;充电弓

0 引言

近年来各地都在加快新能源汽车产业的推广进度,尤其是在公共出行领域,对于公交车、大型物流车及无人驾驶车辆的大功率充电需求,用户更加注重整个充电过程的高效性、智能性、安全性及可靠性。目前我国大中型城市公交日行驶里程为150~200km,特大型城市日均行驶里程为250~300km。为了满足公交日常运营,公交运营企业主要采用两种充电技术路线:一种是单纯采用慢充技术,即晚上充一次即可满足白天一天的运营;另一种是单纯采用快充技术,即公交车每运行一趟便进行一次快速充电。这两种充电模式在实际使用中均不能较好地满足用户对充电快速性、安全性和智能性的使用需求。因此有必要研究一种快速、安全、智能的充电解决方案,这对实现雄安新区新能源汽车及充电领域在全国的技术领先地位、支撑雄安新区新能源汽车领域战略布局具有重要意义。

1 纯电动公交车最优充电模式研究

由于公交运营模式主要涉及整车、公交运营计划及充电基础设施,以某10m车实际运营线路为例进行慢充、快充模式对比分析,见表1-1。

慢充、快充模式对比 表1-1

类别		慢充技术	快充技术
10m客车整车基本参数	电池类型	磷酸铁锂	钛酸锂
	电池组容量(kW·h)	300	60
	电池成本(万元)	约36	约9
	电池质量(t)	2.1	1.4
	电池预期寿命(年)	约5	约3
	充电时间(0~80%)(min)	180~300	20
	每天行驶里程(km)	300	
	发车间隔	每5min一班	
	所需公交车数量(辆)	32	20
充电站需求	充电机功率(kW)	120	500
	充电机数量(台)	16	4
	所需人员(人)	2	0
	充电站占地面积(m²)	1500	200
	电价成本	谷底电,电价低	波峰电,电价高

通过对比分析可以看出,采用慢充技术的优势是电池寿命相对较高,能够降低电费成本和运营成本低;缺点是充电速度较慢,购车成本、车辆质量和单位能耗都较高。而采用快充技术的优势是充电时间短,电池容量小,整车质量轻和电池成本低;缺点是波峰用电成本高,晚间长时间大功率快速充电会严重影响电池寿命。

若综合慢充技术和快充技术的优点,采用"慢充+快充"相结合的充电模式,继续以某10m车实际运营线路为例,整车参数见表1-2。

"慢充+快充"模式整车参数　　　　　　　　　　　　　　表1-2

类　　别		慢充+快充
10m整车基本参数	电池类型	磷酸铁锂
	电池组容量(kW·h)	100
	电池成本(万元)	12
	电池质量(t)	1
	电池预期寿命(年)	约5
	充电时间(0~80%)	慢充180~300min,快补5min
满足公交运营计划	每天行驶里程(km)	300
	单趟耗电量(kW·h)	20(20%)
	每天累积消耗电量(kW·h)	300
	发车间隔	每5min一班
	所需公交车数量(辆)	16
充电站需求	充电机功率	慢充120kW,快充500kW
	充电机数量	慢充8台,快充2台(首末站各1台)
	所需人员(人)	2
	充电站占地面积(m²)	1000
	电价成本	快充时段电价较高

通过表格分析可以看出,采用"慢充+快充"相结合的充电模式,实现慢充技术和快充技术的优势互补,不仅能够保证电池寿命、降低整车成本、提高整车性能,而且能够实现公交系统的多种运营模式。

未来雄安新区建设智慧城市及智慧公交系统,此种模式能够最大程度提高运营效率,不仅能够满足常规公共出行,还能满足高端客户的个性化定制需求,实现整个公交系统最优运营。

2 匹配计算

2.1 整车动力电池匹配设计

根据雄安新区整车运营线路情况,假定公交每天运营200km,采用"慢充+快充"相结合的充电模式,最终确定整车电池采用磷酸铁锂电池,电池额定存储能量105.98kW·h,额定容量184A·h,额定电压576V,最高电压657V,短时最大充电倍率2.6C,最大电流478A。

2.2 直流充电机箱变系统设计

根据实际工程应用,单台充电机输出功率可以表示为:

$$P_{Od} = (1 + \gamma_P\%) P_{0\max} \quad (2-1)$$

单台充电机输入侧所需瞬时容量可以表示为:

$$S_{Cd} = \frac{P_{Od}}{\eta(t) \cdot \lambda(t)} \quad (2-2)$$

式中:$P_{0\max}$——充电机的最大实际输出功率;

$\gamma_P\%$——设计裕量,取 10%;
$\eta(t)$——充电机的效率,取 90%;
$\lambda(t)$——输入侧功率因数,取 0.9。

根据以上所建立的纯电动公交充电系统容量需求模型,以上述整车动力电池参数进行计算,最大电流取 500A。

根据上式可知充电机的设计输出功率为:

$$P_{\text{Od}} = (1 + 10\%) \times 657 \times 500 \times 10^{-3} = 360(\text{kW})$$

充电机的设计输入容量为:

$$S_{\text{Cd}} = \frac{360}{0.9 \times 0.9} = 444(\text{kV} \cdot \text{A})$$

根据如上计算,最终确定的充电机输入电压为交流 380V,输入电流为 675A,输出功率为 360kW,输出电压范围为直流 250~750V,输出最大电流为 500A。

2.3 配电系统设计

整个充电站需要的配电容量:

$$S = S_1 + S_2 \tag{2-3}$$

式中:S_1——动力用电量;
S_2——照明及办公用电量。

动力用电总量 S_1 估算式:

$$S_1 = N \cdot K \cdot S_{\text{Cd}} \tag{2-4}$$

式中:N——充电设备总数,此处取 1;
K——充电设备同时系数,此处取 1。

计算可得:充电站所需动力源容量为 444kV·A,此外,设照明及办公用电容量为 100kV·A,即整个充电站所需容量为 544kV·A,由于变压器容量的选取还要考虑留有余量,单台变压器的容量可选 600kV·A。

2.4 监控系统设计

整个网络中包含三个网络系统:监控 CAN 网络、车载 CAN 网络、手持网络。硬件部分有充电机、监控机、车载电池管理系统和手持设备。充电机监控系统原理图如图 2-1 所示。

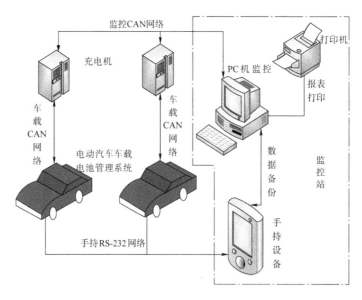

图 2-1　充电机监控系统原理图

监控系统主要性能指标如下:

(1) 可选标准波特率为 125 kbits/s、250 kbit/s、500 kbit/s。

(2) 数据传送的基本模式为由监控 PC 机向某台充电机发出相应的数据请求或控制指令,充电机根据指令回送相应的数据。

(3) 充电机在故障状态下可主动发送充电机状态数据帧,循环发送,时间间隔为 1s。

(4) 当充电机检测到电池故障后,可主动发送电池状态数据帧,循环发送,时间间隔为 1s。

(5) 时间同步信息帧间隔为 1h。

2.5 充电弓系统设计

目前国内充电接口主要采用充电枪形式,充电速度和充电体验均不能满足使用要求,国外有采用顶充(充电搭接在车顶进行,省去人工操作)方式,但该模式的缺点是机械臂安装在公交车顶,随着公交车振动,机械臂很容易出现松动造成导线接触不良,影响整车安全。

本研究拟采用充电弓充电的方式解决上述问题,具体为:快速升降的充电弓安装在公交站点,受电弓安装在车顶,这样保证受电弓安装可靠,与整车融为一体,不会出现接触不良的问题。充电弓结构由弓头、弓体、控制箱三部分组成,弓头安装在弓体罩内部,控制箱与弓体分离,充电弓升降功能靠快速升降系统实现,充电弓结构整体结构如图 2-2 所示,快速升降系统如图 2-3 所示。

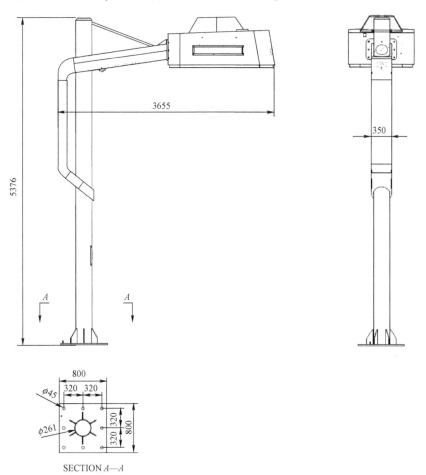

图 2-2 充电弓结构整体结构

充电弓控制系统主要包括充电接口、压力传感器、电阻检测部件、控制器及执行机构。充电接口与充电机电连接,控制器分别和压力传感器、电阻检测部件和充电机连接;压力传感器用于检测充电接口与电动车辆的受力接口在接触后所受的压力值,并将压力值发到控制器;电阻检测部件用于检测接入闭合回路中的受电接口电阻值,并将电阻值发到控制器;控制器用于确定压力值在预设压力范围内,且电阻值小于设定电阻值,向伺服电机发送控制指令,使伺服电机控制剪叉机构对充电接口充电,系统原理如图 2-4 所示。

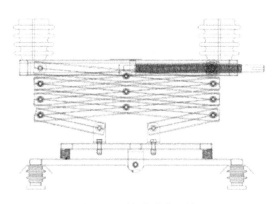

图 2-3　快速升降系统

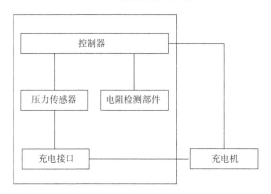

图 2-4　充电弓控制系统原理

2.6　受电弓系统设计

车载受电弓作为电动汽车的受电接口,与充电弓配合使用,给电动大巴进行快速充电。车载受电弓主要包括车载控制系统与受电弓两部分,车载控制系统如图 2-5 所示,车载控制系统可以与充电弓无线通信、与 BMS 信息交互,并可作为人机交互单元;车载受电弓是充电连接器件,受电弓结构如图 2-6 所示,受电弓一端与车内电池连接,另一端能够与充电弓可靠连接,完成充电。

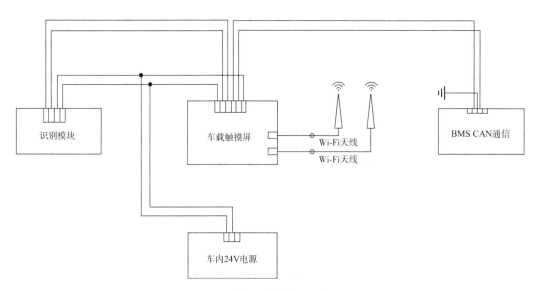

图 2-5　受电弓车载控制系统原理

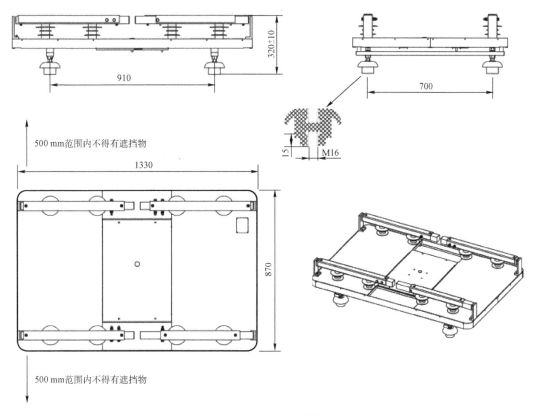

图 2-6 受电弓整体结构

3 结语

通过采用"慢充+快充"相结合的充电模式,夜间利用波谷电进行缓慢充电,白天间歇性快速补电,通过合理的快速充电站点布置及整车电池匹配,降低整车电池成本,保证动力电池工作在"浅充浅放"状态,延长电池的使用寿命,同时也能降低电费成本。此外还研制出具有国际领先水平的充电弓、受电弓机构,能够使得充电设备与电动公交车辆在无人工参与的状况下快速连接,同时能够实现超大电流快速充电。

本研究成果可以应用于智慧公交车辆,助力雄安新区智能公交车辆客运体系的建设,实现国内新型充电设备研发领域的自主保障,有效地推动我国电动汽车产业等制造业向高端领域迈进,创造可观的经济和社会效益。

车身结构与安全技术

电动客车静电危害及预防措施分析

白梦阳,王洪军,马爱国,武云龙

(比亚迪汽车工业有限公司,深圳 518118)

摘 要:本文以市场某型电动客车出现的金属扶手静电电人问题为例,简单介绍了静电形成原理及危害,对静电产生源头、静电产生原理进行分析和验证,得出影响静电大小的因素,并提出一些应对静电危害的预防措施。

关键词:电动客车;静电危害;预防措施

0 引言

静电是一种常见现象,比如纤维类的衣服从身体上脱下时会产生静电、橡胶鞋底与绝缘地面摩擦时会产生静电、在工业生产中也经常会出现静电,经常给工人和设备造成危害。某型电动客车在装配过程中出现了人员接触车辆金属扶手被电的问题,通过检测分析后确认问题是由静电引起的。本文以该问题为例对静电产生的源头、过程以及影响因素进行了分析和验证,排除了整车高低压电器回路对静电的影响,并根据理论分析和实际验证提出了可应用在车辆上的一些静电预防措施。

1 静电形成原理及危害

1.1 静电定义

静电是一种常见的现象,具体是指:当物体之间有摩擦时,其内部的电弧会自然转移,这种电荷停留在物体表面,即电荷处于一种相对静止的状态,不与其他物体接触则不会发生泄漏现象,因此被人们称为静电。

1.2 静电产生内因

1.2.1 物质的逸出功不同

通常情况下,当两种不同的物质在进行紧密接触的过程中,其中一种物质会因为失去电子而带正电,另一物体则由于得到电子而带负电。所谓逸出功是指物质内电子要想实现外部转移所需要的功。在相互紧密接触的物质之间,具有较小逸出功的一种是因为失去电子带正电荷,另一物体则由于获得电子而带负电,物质不同电子得失难易程度不同,结合不同的起电性质,可以对物质的带电性进行了大小排序,带正电的排列在前,带负电的排列在后。

如下为一个典型的静电序列,若两种物质在序列内的位置越远,则它们接触摩擦分离后产生的静电越大,反之距离越近则产生的静电越小。

(+)玻璃材料—头发—尼龙制品—羊毛—绸缎—人造丝制品—纸张—麻制品—铁合金—聚苯乙烯材料—硬橡胶—醋酸纤维素材料—合成橡胶—聚酯纤维材料—丙纶聚乙烯制品—聚氯乙烯制品—聚四氟乙烯制品(−)[1]。

此外,当物体内存有杂质,其静电量会有增加的趋势[1]。

1.2.2 不同物质电阻率不同

物质的电阻率越高,其导电性就越差,物质内的电子移动越困难,更容易形成静电电荷累积。两个物体紧密接触时其接触面上有双电层形成,当两者很快分开时,若两个物体导电性良好,两个物体表面的电子会在分开之前返回原处,分开的两个物体的电荷呈现中性;若两个物体中有一个是绝缘体,两者很快分开时有大量的电子不能返回,此时两个物体均会带电。

1.2.3 不同物质介电常数不同

介电常数也是电容率,决定了电容的大小。在一定条件下,结合物体的电阻和电容,可以决定静电的消除规律。如果液体介电常数>20,且这个数值可以长期保持或者进行连续的接地,在这种情况下,无论是储运还是运输,几乎都没有静电的积累。

1.3 静电产生外因

(1)接触—分离带电。所有物质都具有不平滑的表面,在进行物质的接触时都是进行多点的接触,若接触的距离要低于$25×10^{-8}$ cm时,不同物质得失电子能力不同,就会发生电子转移,进而形成我们所说的双电层。若接触的物体有着足够的分离速度,则物体表面也会有电荷附着。静电序列中前后两种接触时,前者失去电子得正电,后者得到电子带负电,两种物质分离时就可能产生静电,如图1-1所示。

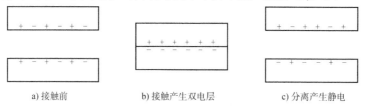

a) 接触前　　　　　　b) 接触产生双电层　　　　　　c) 分离产生静电

图1-1　接触—分离带电示意图

(2)感应带电。如橡胶棒X原已带负电荷,若将本身不带电的导体D接近带电体X时,由于同种电荷相斥、异种电荷相吸,于是X上的负电荷在D中建立的电场会将自由电子推向D的远棒一边,并把等量的正电荷遗留在D的近棒一边,直到D中电场强度为零。此时若有一条接地线接触到导体D,则会有若干电子流向大地,导体D因失去电子而带正电荷,如图1-2所示。

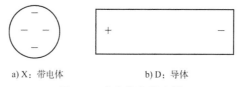

a) X:带电体　　　　　　b) D:导体

图1-2　感应带电示意图

(3)电荷迁移。带电体A和非带电体B接触时,电荷重新分配发生电荷迁移使B带电,如图1-3所示。

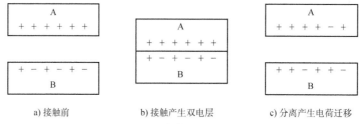

a) 接触前　　　　　　b) 接触产生双电层　　　　　　c) 分离产生电荷迁移

图1-3　电荷迁移示意图

1.4 静电危害

(1)易燃易爆环境下,静电放电时会产生电弧,可能引发燃爆事故。静电放电产生的瞬时能量较大,如果满足或超过附近可燃混合气体的燃烧所需要的最小能量,而可燃混合气体的含量正好处于爆炸极限范围,就必然会造成燃烧或爆炸。放电能量公式常用$Q=\frac{1}{2}CU^2$来表示[1]。

(2)静电电压可达上万伏,若人体是静电放电回路组成部分,人体会有被电击的感觉,由于静电放电时间很短(ms级别),一般不会对人体造成很大损伤,但仍然存在轻微的痛感。持久的静电可能导致血液的碱性变高,使血清中钙含量减少,导致皮肤瘙痒、色素沉淀,破坏人体生理状况。表1-1[2]为假设人体电容90pF时,受静电电击时人体的反应。

静电电击时人体的反应　　　　　　　　　　　　　　表 1-1

电压(kV)	能量(mJ)	人体反应
1	0.045	没有感觉
2	0.18	手指外侧有感觉,但不疼痛
3	0.405	有轻微和中等针刺痛感
4	0.72	手指轻微疼痛,有较强的针刺感
5	1.125	手掌乃至手腕前部有电击疼痛感
6	1.62	手指剧痛,手腕有强烈电击感
7	2.205	手指、手掌剧痛,有麻木感
8	2.88	手掌乃至手腕前部有麻木感
9	3.645	手腕剧痛,手部严重麻木
10	4.5	整个手剧痛,有电流通过感
11	5.445	手指麻木,手有强烈电击感
12	6.48	手有强烈电击感

（3）静电放电对精密电子仪器影响很大,静电放电产生的电磁干扰会影响电子仪器内部的电路的正常工作,导致电子仪器工作异常甚至故障；一些微电子器件也容易受到静电放电影响而被击穿,如 CMOS 器件绝缘层的典型厚度为 $0.1\mu m$,其击穿电压为 $80\sim100V$。

2　某车型金属扶手电人问题分析

2.1　问题描述

制造工厂在调试某型电动客车时发现调试人员站在该车的地板革上触摸金属扶手时偶发电人情况（图2-1）,电人时间短但有微小火花出现,初步怀疑为车辆绝缘失效后漏电导致。

2.2　初步原因排查

2.2.1　绝缘失效原因排查

若车辆单点绝缘失效,人员在触碰绝缘失效点时可能出现瞬时电击的情况。在该车上使用整车主控上位机读取整车绝缘阻值发现整车绝缘电阻 $>1M\Omega$,车辆绝缘性良好,如图2-2

图 2-1　触摸扶手图

所示；断开该车的低压负极开关和高压维修开关后（断开整车高低压供电回路）,车辆处于 OFF 挡情况下仍然出现扶手电人情况,如图2-3所示。因此初步排除是由于整车绝缘失效导致的金属扶手电人。

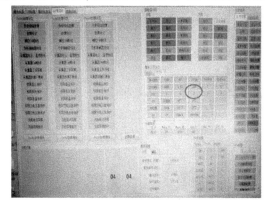

图 2-2　主控上位机查看绝缘电阻　　　图 2-3　车辆 OFF 挡 + 断低压负极 + 断维修开关

2.2.2 静电原因排查

静电也可能导致人体触碰金属时出现静电放电现象。在还原金属扶手电人情况时,发现以下几种情况:

(1)鞋底与该车地板革来回摩擦10多次后,用手触碰金属扶手一定出现扶手电人的情况,如图2-4所示。

(2)不仅仅是金属扶手,鞋底与地板革摩擦后,只要触碰车辆上的金属壳体就会出现金属壳体电人的情况,如图2-5所示。

图2-4 鞋底摩擦后触摸扶手

图2-5 鞋底摩擦后触摸其他金属

(3)一直紧握或接触着扶手/金属壳体,同时鞋底与地板革摩擦10多次,此时不会出现金属电人的情况,如图2-6所示。

图2-6 紧握扶手+鞋底摩擦

基于以上三种情况,初步推测该车金属扶手电人为鞋底与地板革摩擦产生的静电导致。

2.3 静电产生原因分析

2.3.1 静电产生源头

在空旷的干燥地面上铺上一块2m×2m的地板革(与问题车上地板革同材质),然后在地板革上放置一根金属柱扶手(与问题车上金属扶手同材质),一人站在地板革上使脚底与地板革摩擦10余次,然后使用示波器用高压差分探头测量手与金属扶手之间的电压,发现手与金属扶手之间存在高达1kV、持续0.5ms的电压。图2-7所示为静电测试布置图,图2-8所示为手与金属扶手之间电压测试结果图。

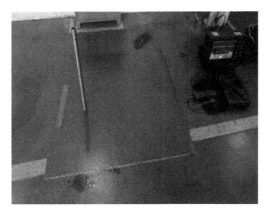

图2-7 静电测试布置图

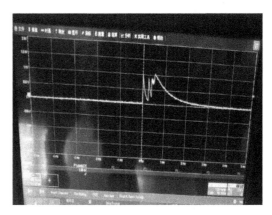

图2-8 手与金属扶手之间电压及泄放时间

2.3.2 静电产生原理分析

鞋底材料的主要成分一般为橡胶,该车地板革材料为PVC(主要成分为聚氯乙烯)+无纺布(主要成分为聚丙烯)。当人行走在地板革上时,鞋底橡胶与地板革PVC、聚丙烯材料相互摩擦使鞋底与地板革之间相互失去或得到电子,由于鞋底橡胶导电性差,鞋底与地板革分离时失去或得到的电子无法全部还原,鞋底与地板革呈现带电状态,鞋底与地板革多次摩擦后静电电荷逐渐累积导致静电电压增大,人体电阻为kΩ级别,导电性较好,因此鞋底的静电电压同样体现在人体皮肤上,当人体的手或皮肤触碰金属导体时,人体静电电压通过与金属导体静电放电使人体积累的电荷与金属导体上的电荷中和。

3 静电影响因素及车辆静电预防措施

3.1 静电影响因素

3.1.1 接触物体的材料

接触物体的材料是产生静电的重要因素,以1.2节提到的静电序列为例,一般认为,序列中距离越近的物体之间产生的静电越小。

在问题验证中,找到多种不同材质的地板革,将地板革直接放置在地面上,用同样的鞋底,以同样的摩擦速度,与地板革摩擦次数均为20次,然后通

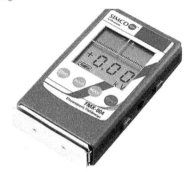

图3-1 静电测试仪

过SIMCO的FMX-04型静电测试仪(图3-1)测试产生的静电电压大小(测试方法与2.3.1相同)。如表3-1所示为不同材质地板革在地面上的静电电压测试数据。出于保密缘故,供应商并未提供详细的地板革材质参数信息。

不同厂家地板革在地面上静电电压测试数据　　　　表3-1

型　号	静电电压(kV)	型　号	静电电压(kV)
产品一 木纹	0.06	产品五 2400	0.76
产品二 黑色	0.11	产品六 2381	0.67
产品三 2377(问题车)	2.40	产品七 2321	1.39
产品四 2417	1.23		

3.1.2 接触物体的摩擦速率

静电电压的大小与物体间摩擦速度也有直接的关系:摩擦速率越高,产生的静电电压越大。在该车型扶手电人问题验证中发现,该车地板革材料和同样的鞋底摩擦,在摩擦次数一致为30次的前提下,摩擦速度较快时产生的静电电压达到13.0kV,如图3-2所示;而速度较慢时产生的静电电压达到9.9kV,如图3-3所示。

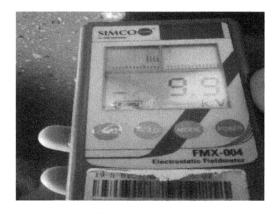 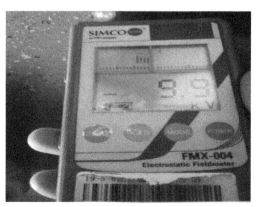

图3-2 摩擦速度较快时静电电压　　　　图3-3 摩擦速度较慢时静电电压

3.1.3 接触物体的摩擦次数

静电电压的大小与物体间摩擦次数也有直接的关系:在一定次数范围内,以相同的摩擦速度进行操作,摩擦次数越多,产生的静电电压越大。在该车型扶手电人问题验证中发现,使用该车地板革材料和同样的鞋底以相同的速度摩擦,摩擦次数越多时产生的静电电压越高,如表3-2所示为不同摩擦次数下该车地板革的静电电压大小。

摩擦次数与静电电压对应关系　　表3-2

摩 擦 次 数	静电电压(kV)	摩 擦 次 数	静电电压(kV)
1	1.4	20	11.9
5	3.2	25	12.6
10	7.2	30	13
15	9.5	35	13.2

3.1.4 接触电阻

电阻对人体静电造成的影响也很大,当操作的地面、穿的鞋子电阻越大,静电产生后的衰减速度也会越小,因此静电电压会越大。

3.1.5 湿度影响

空气湿度对静电的产生及强弱影响很大。当空气干燥时,鞋底与地板革的表面接触电阻变大,鞋底与地板革分离时电荷还原的难度也就增大,因此静电电压也越大。将地板革打湿后用鞋底与被打湿的地板革摩擦进行了测试,测试结果表明被打湿的地板革与鞋底摩擦直接不会产生静电电压。

3.2 静电预防措施

3.2.1 车辆静电防护措施

(1)选用合适座椅材料及地板革材料。人员在车辆内部时会可能与地板革或座椅材料产生摩擦,因此应尽可能采用静电导体材料(体积电阻$10^6\Omega\cdot m$以下)。

(2)避免人体直接接触金属导体。可用绝缘护套、绝缘漆包裹金属扶手,这样即便人体因为衣物原因自身带电也不会因为触碰金属扶手而发生静电放电现象。

(3)增加车内空气湿度。可通过加湿器增加车内空气湿度来防止静电的累计,定期清洗车辆也可以减少静电的产生。

(4)采用车辆接地静电带。静电带常用来消除油罐车内油体与罐体之间摩擦产生的静电,但可能无法解决鞋底与地板革摩擦产生的静电问题。

3.2.2 个人静电防护措施

(1)选择真丝类或纯棉的衣服,直接接触的衣物尽量避免纤维材质,如涤纶和腈纶的衣服尽量不要直接接触身体。

(2)在秋冬季节,适当增加室内的空气湿度,减少静电的积累,可采用加湿器或者栽种植物花草减少静电。

(3)通过勤洗手、勤洗脸、勤换衣物来减少静电,梳头前先将梳子浸水再使用。

(4)进入静电危险区域时,工作人员须戴手套、穿着防静电服和防静电鞋袜。

(5)当人员在固定地点作业时,可以通过佩戴静电环来消除静电。

4 结语

本文对静电产生的原理、静电的危害进行了简单介绍,通过某车型金属扶手电人问题的分析和解决,确定了鞋底与地板革之间相互摩擦为产生静电的主要原因,并通过理论分析和实际验证提出了一些影响静电的因素,最后提出了车辆静电防护和人员静电防护的一些措施。

参 考 文 献

[1] 孙玉强,姜伟光,钟兴华,等.防治静电事故浅谈[J].中国石油和化工标准与质量,2014.
[2] 王国栋.人体静电的安全研究与新型导电复合材料的制备及其性能研究[D].兰州:兰州理工大学,2018.
[3] 李悦,杨海宽.电气安全技术[M].北京:化学工业出版社,2004.

基于 Hyper mesh 的校车车身骨架有限元分析

孟庆书,田建国,刘忠明,翁福建,高顺来

(聊城中通轻型客车有限公司,聊城 252000)

摘 要:校车骨架主要承受来自车内外的各种载荷,通过三维建模软件 Solid works 和有限元分析软件 Hyper mesh 建立了专用校车车架结构的有限元模型,计算和分析了在不同工况下车身的强度、刚度和低阶模态,找到了车身的结构薄弱处。分析结果显示,车身骨架最大应力主要分布在前围骨架下方,其余部位应力值较低,符合设计要求。

关键词:校车;车身骨架;有限元法;应力;模态分析

0 引言

现代汽车的主要基体仍然是车架,车上的很多零部件和总成都是通过车身骨架来固定和连接[1]。在校车的结构中,校车车身既是承载单元,又是功能单元[2~4]。作为校车的主要部件之一,校车车身采用半承载式车架以及闭环骨架结构设计,增加了防撞强度和侧翻强度。车身骨架由不同截面的异型管和矩形管焊接成的空间薄壁杆系结构。由于蒙皮是焊接在骨架外部,且车身骨架具有较强的承载能力,因此建模时忽略蒙皮,理想情况认为骨架承受车身所有载荷[5~7]。本文应用有限元法(finite element method,简称 FEM)建立了车身骨架的有限元模型,对设计的刚度、强度水平及模态特性作出一个整体评价,并给车身骨架的优化设计和实际生产提供了参考依据。

1 校车车身骨架结构有限元模型的建立

1.1 建立几何模型

以某公司生产的5.7m校车为对象,利用 Solid works 建立校车骨架三维数模,该校车为半承载式车身骨架,使得整车形成一个封闭的受力系统,承受全部载荷。在保证有限元分析可靠性的基础上,可以适当简化模型,简化原则如下:

(1)因骨架具有较强的承载能力,可以忽略蒙皮对骨架的加强作用。

(2)忽略一些非承载件及装饰件,例如:安全带埋板、停车臂埋板等。

(3)非重要孔可以忽略。

简化后建立的校车骨架三维数模如图1-1所示。

1.2 建立有限元模型

Hyper mesh 软件可以将 Solid works 模型直接导入,或者转化为 igs/stp 格式。利用 Hyper mesh 分析的一般流程如图1-2所示。

1.2.1 材料属性

该校车骨架采用的材料主要是 Q235,主要用于六大片骨架部件中,材料属性见表1-1。

图1-1 校车骨架几何模型

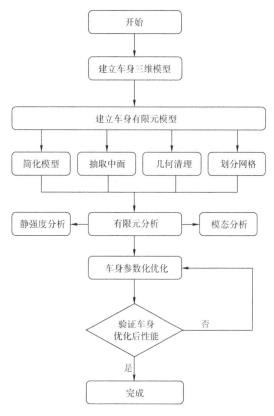

图 1-2 Hyper mesh 有限元分析流程

骨架材料属性　　　　　　　　　　　　　　　　　　　　　　　表 1-1

材料名称	弹性模量（MPa）	泊松比	密度（t/mm³）	屈服强度（MPa）
Q235	2.12E+5	0.29	7.86E-9	235

1.2.2 网格划分

该校车骨架主要由矩形钢、槽钢等组成，均为薄壁结构，因此可以对其抽取中面，然后在中面模型划分网格，最后通过赋予厚度的方法进行有限元模型的建立。网格划分是有限元分析的最重要的部分之一，Hyper mesh 对网格质量的指标有曲翘度、长宽比、雅克比、最小角度和最大角度等。

以壳单元为主建立的车身骨架网格模型如图 1-3 所示，单元总计 602593 个，其中 CQUAD4 单元为 593974 个、CTRIA3 单元为 8619 个、RBE2 单元为 349 个、RBE3 单元为 56 个、CONM2 单元为 56 个，模拟螺栓连接 128 个，模拟焊接连接 3059 个。

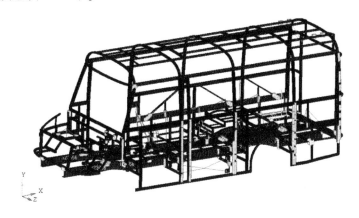

图 1-3 车身骨架网格模型

2 典型静态工况下的计算结果分析

2.1 满载弯曲工况

满载弯曲工况计算主要是针对校车在满载状态下,轮胎全部着地时的结构强度、刚度进行校核,主要仿真在良好的路面情况下匀速运动时校车车身骨架在纵向载荷及垂向载荷综合作用下的响应状况。

2.1.1 载荷与约束条件

载荷处理:将所有载荷采用平均分布的方式加载在相应的位置上。

约束处理:弯曲工况下约束左前悬架装配处节点的 X、Y、Z 向自由度,约束右前悬架装配处节点的 X、Z 向自由度,约束左后悬架装配处节点的 Y、Z 向自由度,约束右后悬架装配处节点的 Z 向自由度。

2.1.2 计算结果分析

图 2-1 所示为满载弯曲工况下车身骨架应力分布云图,车身的应力基本处 70MPa 以下。最大应力为 126.7MPa 左右,位于车头与车身的连接骨架处,从图 2-2 中可以看出应力的最大位置。

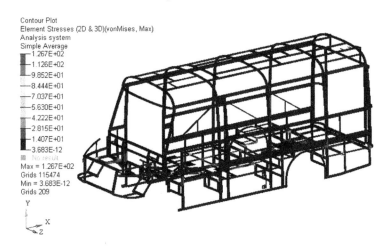

图 2-1 车身骨架应力分布云图

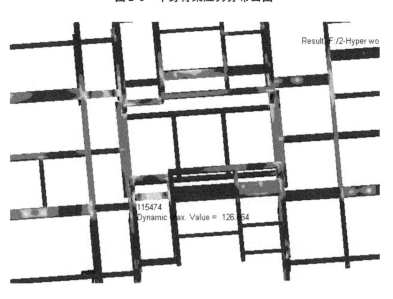

图 2-2 车身骨架最大应力云图

图 2-3 所示为满载弯曲工况下车身骨架的位移分布图,可以看出车架的最大位移出现在前围蓄电池托架上,位移为 5.472mm,因为蓄电池托架有部分悬空,钢材结构比较长,并且比较薄,所以产生的位移相对大些,底盘及其骨架所用钢材结构比较好,所以位移比较小。

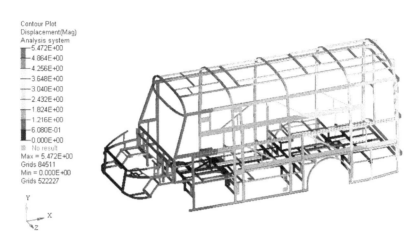

图 2-3　车身骨架位移分布云图

2.2　紧急制动工况

紧急制动工况下的结构分析主要模拟客车在紧急制动时,校车车身骨架在纵向载荷及垂向载荷综合作用下的响应状况,制动工况下车架所受载荷除了垂直向下的重力外还有沿行驶方向的惯性力。根据路面情况,取 $-y$ 方向的载荷为 g,x 方向的惯性力载荷最大为 $0.8g$。

载荷与边界条件

图 2-4 为紧急制动工况整车应力分布云图。从图 2-4 中可以看出,车身仪表板骨架与底盘骨架的连接骨架应力较大,最大应力已达到 179.6MPa。从图 2-5 中可以清晰地看出最大应力的位置。

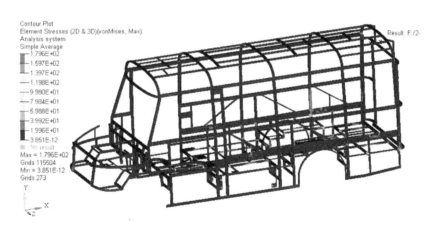

图 2-4　车身骨架应力分布云图

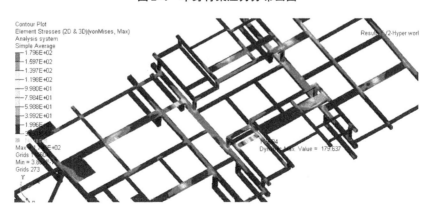

图 2-5　车身骨架最大应力云图

从图 2-6 中可以看出,车身在纵向上的最大位移仅为 6.145mm,因为在紧急制动的状况下,在车辆的前进方向整车产生比较大的位移,在垂直于车辆前进方向整车产生的位移较小。

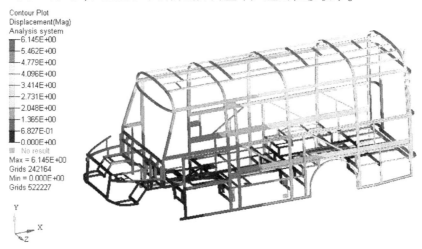

图 2-6　车身骨架纵向位移分布云图

2.3　紧急转弯工况

紧急转弯工况是模拟客车转弯时,车身骨架在横向惯性力与垂直载荷综合作用下的响应情况,此工况下车架所受载荷除了垂直向下的重力外还有离心力。根据路面情况,本文在车身骨架 $-y$ 方向施加重力加速度为 g,z 方向的横向加速度为 $0.4g$(注:车架基本对称,取 y 或 $-y$ 均可)来模拟紧急转弯时的惯性力载荷。

2.3.1　载荷与边界条件

约束处理:紧急转弯工况下约束左前悬架装配处节点的 X、Y、Z 向自由度,约束右前悬架装配处节点的 X、Z 向自由度,约束左后悬架装配处节点的 Y、Z 向自由度,约束右后悬架装配处节点的 Z 向自由度。

2.3.2　计算结果分析

图 2-7 为紧急转弯工况下车身骨架应力分布云图。从图 2-7 中可以看出,最大应力为 362.8MPa,位于底盘的左长纵梁骨架处。从图 2-8 中可以清楚地看到最大应力所在的位置。

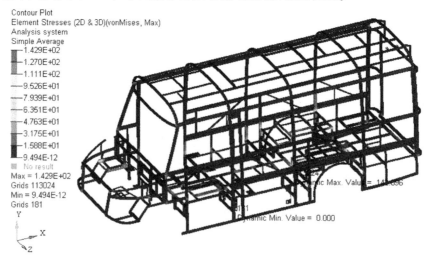

图 2-7　车身骨架应力分布云图

图 2-9 是车身骨架的位移分布云图,从图 2-9 中可以看出紧急转弯工况下车架横向最大位移为 6.75mm,发生在车身顶围骨架的前中半部分,这是由于在紧急转弯时车身骨架立柱产生的力矩较大的缘故。

从刚度和强度计算结果来看,静态变形量均较小,满足客车设计中 10mm 变形量的要求,校车骨架的刚度水平较高,同时弯曲和扭转刚度也都符合设计的标准。

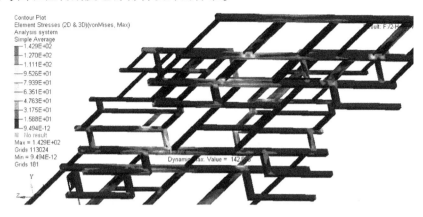

图 2-8　车身骨架最大应力位置图

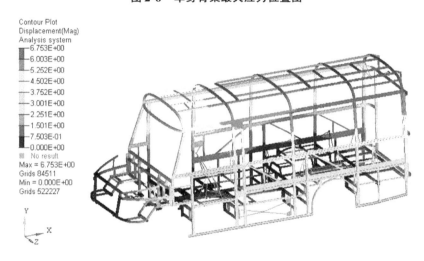

图 2-9　车身骨架横向位移分布云图

3　车身骨架模态分析

车身结构模态分析是新车型开发中有限元法应用的主要领域之一,是新产品开发中结构分析的主要内容。尤其是车身结构的低阶弹性模态,它不仅反映了汽车车身的整体刚度性能,而且是控制汽车常规振动的关键指标,实践证明,用有限元法对车身结构进行模态分析,可在设计初期对其结构刚度、固有振型等有充分认识,尽可能避免相关设计缺陷。因此对车身进行模态分析显得尤为重要,车身骨架前 10 阶模态分析结果(考虑到校车实际工作时的激励因素,高阶频率对结构的影响较小)见表 3-1。

前十阶模态分析结果　　　　表 3-1

模态阶数	固有频率(Hz)	振 型 特 征	模态阶数	固有频率(Hz)	振 型 特 征
1	2.65	车身顶部局部扭转	6	8.92	顶部局部弯曲
2	3.92	垂直一阶弯曲	7	7.82	地板骨架一阶弯曲
3	5.26	垂直二阶弯曲	8	9.16	地板骨架二阶弯曲
4	6.05	地板骨架局部弯曲	9	8.26	横向弯曲与扭转混合振型
5	7.16	一阶扭转	10	8.95	地板骨架局部扭转

由厂方试验提供的数据,车身—悬架共振频率为 1.8～2Hz,发动机怠速频率为 15～20Hz,因此希望车身低阶的模态频率能处在 2～15Hz,由模态分析可知,该校车车身的垂向一阶弯曲频率为 3.92Hz、二阶弯曲频率为 5.26Hz、一阶扭转频率为 7.16Hz,由此可见车身的低阶固有频率高于车身—悬架共振频率而低于发动机怠速频率,避免了整车共振现象,所以该车扭转及弯曲刚度较为合理并具有一定的裕量。

4 结语

本文以某校车为对象建立了校车骨架的三维模型,且利用 Hyper mesh 软件建立了有限元模型,分析得到了校车在静弯曲、紧急转弯、紧急制动等典型工况下的强度和刚度,同时计算了弯曲刚度和扭转刚度。然后对分析结果进行了相应的评价,得出强度和刚度都满足设计要求,预测了可能出现的应力集中现象,为下一步的优化设计和实际生产提供指导。

同时,由于此次分析计算的模型忽略了蒙皮、覆盖件及一些装饰件的作用,计算的结果与实际的情况会有一些偏差,因此,在对一些不在设计要求范围之内的部件,比如一些强度薄弱的部件还要在试验中进一步得到验证。

参 考 文 献

[1] 卫董程,沈磊,汪谟清.校车学生座椅安全性试验及其有限元分析[J].上海汽车,2015(1):58-62.
[2] 蔺甲.基于LS—DYNA的校车侧翻有限元分析[J].安徽科技,2016,000(011):47-50.
[3] 刘圣仲.校车车身骨架静动态特性研究[D].镇江:江苏大学,2015.
[4] 丁虹恺.某款半承载式校车的结构安全性分析与优化设计[D].广州:华南理工大学,2015.
[5] 叶盛.校车侧翻CAE分析及车身结构轻量化研究[D].南昌:南昌大学,2015.
[6] 蓝平辉,韩勇,彭倩,等. Compression Test on a Bus Top and Analysis of Simulation Experiments[J].厦门理工学院学报,2015,000(001):13-17.
[7] Hu K, Yu Y, Ying L, et al. Optimization design of hot-stamping beam structure considering rollover crash safety of school bus[J]. Jilin Daxue Xuebao (Gongxueban)/Journal of Jilin University (Engineering and Technology Edition), 2017, 47(3): 884-890.

物流车氢燃料系统的框架结构有限元分析及优化

刘忠明,孟庆书,田建国,高顺来,翁福建

(聊城中通轻型客车有限公司,聊城 252000)

摘　要:本文针对某中型物流车的氢燃料动力系统进行了结构设计,使用CREO软件对氢系统的框架结构进行三维建模。设计过程中将系统的质量作为目标函数,各工况下的应力为约束条件,系统结构的厚度为设计变量,对氢燃料系统框架进行轻量化分析,在满足强度与刚度的前提下,使该系统质量减轻了4.539%,此次研究的主要目的是为氢燃料系统动力总成结构设计优化提供有效的帮助。

关键词:氢燃料系统;有限元;分析;结构

0 引言

氢燃料系统是中型物流车的动力总成,固定于车架上。目前国内对于一般车型的设计及强度校核,还是依靠经典的材料力学、弹性力学、结构力学的经验公式[1]。传统的分析设计方法,具有一定的局限性,虽然简单易行。但是传统的方法也有一定的不足,有很大的盲目性,每次动力总成的设计改进都不会有明显的突破[2-5];而且设计周期长,使得动力总成的更新换代的速度较慢,不能与现代化商品竞争相适应;也不能对动力总成的应力分布及刚度分布进行定量分析。因此设计中不可避免地造成动力总成各部分强度分配不合理现象;使得整个设计成本较高,且某些部位强度不足,容易引起事故;某些部位强度又过于富余,造成浪费,达不到优化设计的目的[6]。随着有限元技术的推广及计算机软硬件的发展,汽车行业已将CAE技术用于汽车整体设计与研究,为设计人员提供了可靠的计算工具[7-9]。

1 氢燃料系统的框架结构建模

1.1 结构特点

此氢燃料系统结构位于驾驶室后面,安装在车架上,其采用型钢贯穿式的结构,使得氢燃料系统结构没有应力集中点,受力基本均匀分布。由于氢燃料系统内部采用"2+1"气瓶的布置方式,使得整车的重心降低,提高了整车运行的稳定性[10]。

1.2 模型的简化及建立流程

1.2.1 模型简化

此氢燃料系统结构大多采用型钢与槽钢等,各梁之间主要通过焊接的方式固定。采用壳单元(SHELL),在不影响强度的情况下,对几何体结构进行简化[11]。

(1)忽略非承载件;
(2)忽略1mm蒙皮对系统结构强度的影响;
(3)简化倒角、圆角、小孔(直径小于15mm)等[12];
(4)复杂模型简单化,采用化繁为简、化曲为直的方法。

1.2.2 建模流程

(1)根据某中型物流车氢燃料系统结构已有的CAD图纸,将系统结构在三维软件Solid works中建模,导入到 Hyper mesh 分析软件中。

（2）采用梁的截面形状定义系统结构型钢的参数，将氢系统的框架结构划分为气瓶支架、电堆支架、散热器支架。图 1-1 所示为轻量化分析流程。

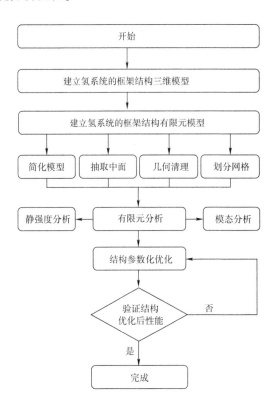

图 1-1 CAE 分析流程

1.3 材料选择

根据物流车车身设计规范，氢系统的框架结构骨架横梁与纵梁要依据《汽车大梁用热轧钢板和钢带》（GB/T 3273—2015），因此系统结构材料主要选择 Q235A 与 QSte700。材料属性见表 1-1。

氢系统的框架结构骨架材料选择参考表　　　　表 1-1

参　　数	值	值	参　　数	值	值
材料名称	Q235A	Qste700	质量密度（kg/m^3）	7.86E+03	7.86E+03
弹性模量（N/m^2）	2.12E+11	2.12E+11	抗拉强度（MPa）	370~500	650~700
泊松比	0.3	0.3	屈服强度（MPa）	235	450~500

2　氢燃料系统的框架结构载荷及工况

2.1 载荷处理与边界条件

有限元分析前处理的最后一步是施加载荷与边界条件处理。计算分析的关键是合理的加载方式与正确的边界条件。

根据氢系统的载荷分布情况对其施加载荷，表 2-1 是氢系统的框架结构载荷及施加方式。

Hyper works 软件显示这个系统结构共划分为 123866 个单元、102576 个节点。系统结构有限元模型如图 2-1 所示。

氢系统的框架结构载荷及施加方式　　表 2-1

载　　荷	数　　量	质量(kg)	处理方式	约 束 位 置
氢气瓶	3	246	均布载荷	约束氢系统的框架结构与车架的连接位置，约束 6 个方向的自由度
氢气瓶附件	1	18	均布载荷	
电堆	1	70	均布载荷	
空气压缩机	1	55	均布载荷	
主散热器	2	100	均布载荷	
辅助散热器	1	30	均布载荷	
DC/DC 变换器	1	45	均布载荷	

2.2　工况描述

2.2.1　水平弯曲工况

在中型物流车处于满载工况下，校核物流车其前后左右各个轮胎同时着地时的整个车身骨架的刚度及强度，得到车身骨架的应力变形图。

约束处理：约束氢系统的框架结构与车架的连接位置，约束 6 个方向的自由度。弯曲工况下的约束图如图 2-2 所示。

经软件分析计算，应力云图如图 2-3 所示。

由图 2-3 可以看出，该结构所受的最大应力为 66.8MPa，安全系数在水平弯曲工况下为 2.6，强度满足要求。

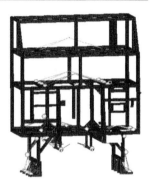

图 2-1　氢系统的框架结构有限元模型

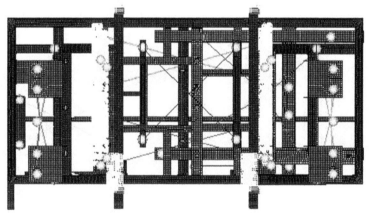

图 2-2　水平工况下的约束图

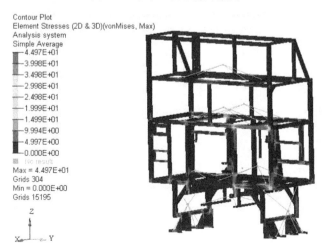

图 2-3　水平工况下的应力云图

2.2.2 极限工况

当物流车处于扭转工况下时,氢系统的框架结构将受到扭矩的作用。通过实践发现,当物流车在紧急制动经过颠簸路面时,其氢系统的框架结构会遭遇极限扭转工况。

(1)紧急制动工况。

在紧急制动情况下分析物流车受地面制动力的影响,根据行驶规定,物流车车身结构在紧急制动工况下除了受到满载水平弯曲工况下的载荷外,还需要在物流车车身纵向方向施加最大制动加速度$0.7g$。约束方式与水平弯曲工况一致。

经有限元分析计算,应力云图如图2-4所示。

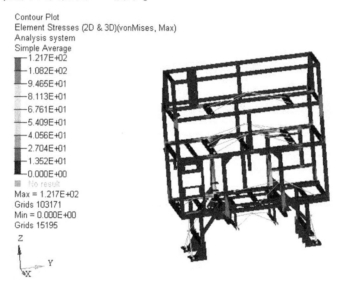

图2-4 紧急制动工况下的应力云图

由图2-4可知,在紧急制动工况下系统结构所承受的最大应力为108.4MPa,最大应力集中在气瓶固定支架边缘,安全系数为3.0,强度满足要求。

(2)急转弯工况。

在急转弯工况下,考虑到惯性力对车身强度影响较大,因此在车身骨架上施加横向$0.4g$的最大向心加速度。约束方式与水平弯曲工况相同。

经有限元分析,应力云图如图2-5所示。该车身在水平弯曲工况下的最大应力为79MPa,最大应力集中在电堆支架的侧面,安全系数为2.17,强度满足要求。

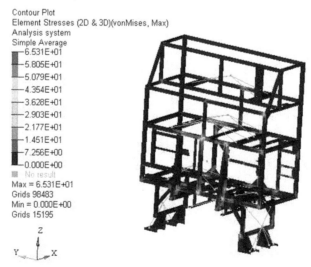

图2-5 急转弯工况下的应力云图

综上,整理结果见表2-2。

原系统结构3种工况各总成最大应力及变形情况　　　　　表2-2

载　荷	水　平　弯　曲		紧　急　制　动		急　转　弯	
	应力(MPa)	变形(mm)	应力(MPa)	变形(mm)	应力(MPa)	变形(mm)
气瓶支架	73	0.496	153	2.05	120	1.513
电堆支架	42	0.420	81	1.15	72	0.835
主散热器支架	30	1.54	68	1.85	72	1.528
辅助散热器支架	10	0.025	38	0.138	20	0.105

3　氢系统的框架结构的优化方案

3.1　气瓶支架改进方案

根据 Hyper works 的分析结果得知,气瓶支架的最大应力出现在极限工况下的型钢与槽钢焊接的边缘位置,应力为153MPa,且大多在80MPa以下。因为型钢采用的是高强钢,在极限工况下,许用应力小于500MPa认为安全;在弯曲工况下,许用应力小于250MPa认为安全,因此,将序号1的横梁尺寸由50mm×30mm×2.5mm变为50mm×30mm×1.5mm,因紧急制动工况下变形较大,故主横梁尺寸不变。结果如图3-1所示。

3.2　电堆支架改进方案

电堆支架的整体应力相对较小,变形也相对较小,且大部分集中在100MPa以下,故将电堆支架的上部横梁(序号1和2)由50mm×50mm×2mm改为50mm×30mm×2.5mm。最大应力出现在急转弯工况的支架两端,应力为120MPa,应力裕度比较大,故在电堆支架的竖梁(序号3)由50mm×50mm×2mm改为50mm×30mm×2.5mm。如图3-2所示。

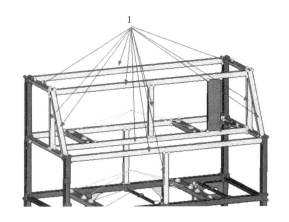

图3-1　气瓶支架改进方案

图3-2　电堆支架改进方案

3.3　辅助散热器支架改进方案

因辅助散热器支架的应力裕度较大,未出现应力集中的情况,故将支架横梁(序号1)截面面积40mm×30mm×2.5mm改为40mm×30mm×1.5mm。如图3-3所示。

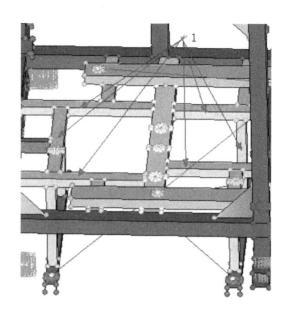

图 3-3　辅助散热器支架改进方案

4　改进后对比分析

4.1　水平弯曲工况

该系统结构在水平弯曲工况下的最大应力为 130MPa，最大应力集中在气瓶支架的下端、电堆支架的上端。结果如图 4-1 所示。

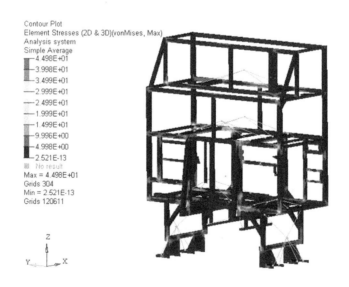

图 4-1　改进后的水平弯曲工况下的应力云图

4.2　极限工况

4.2.1　紧急制动工况

该系统结构在紧急制动工况下最大应力为 258MPa，最大应力集中在固定气瓶的槽钢与横梁的焊接位置。结果如图 4-2 所示。

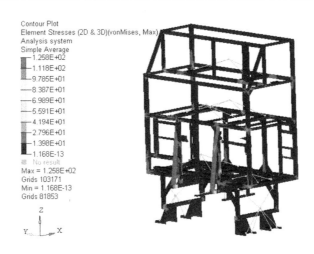

图 4-2　改进后的紧急制动工况下的应力云图

4.2.2　急转弯工况

由图 4-3 可知该结构在急转弯工况下的最大应力为 173MPa，最大应力集中在电堆的支架下端位置。结果如图 4-3 所示。

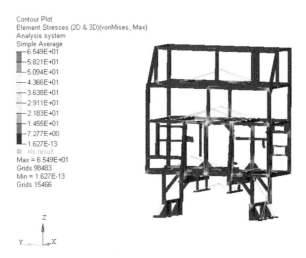

图 4-3　改进后的急转弯工况下的应力云图

从改进后的前后对比来看，该系统结构在总体质量减少了 4.153% 的前提下，基于轻量化分析的 3 种工况依然满足要求，而且减少的总质量相对较好。整理结果见表 4-1。

改进车型 3 种工况下各总成最大应力及变形情况　　　　　表 4-1

载　　荷	水平弯曲		紧急制动		急转弯	
	应力(MPa)	变形(mm)	应力(MPa)	变形(mm)	应力(MPa)	变形(mm)
气瓶支架	130	1.53	258	3.52	138	3.964
电堆支架	85	0.85	155	2.55	173	3.362
主散热器支架	60	2.506	108	2.49	123	2.525
辅助散热器支架	30	0.216	85	0.520	59	0.382

5　结语

经过 CAE 分析，系统结构的气瓶支架与电堆支架的改动较大，散热器支架与辅助散热器支架改进较少。改进后该氢系统的框架结构总体质量减少了 4.539%。

通过有限元分析在3种不同工况下对氢系统的框架结构进行研究。

(1)在对氢系统的框架结构建模过程中,大部分结构采用梁单元,为CAE分析提高了工作效率。

(2)建模过程按照工程图1∶1建模,针对多种变截面梁来模拟该系统结构,对该系统结构的多数部件采用均布载荷的方式,提高了模型的准确度。

(3)对有限元模型进行网格划分时,首先对该系统结构采用固定大小网格进行绘制,局部细化,使整个结构网格质量提高,提高了计算精度。

参 考 文 献

[1] 钟佩思,辛纪光,刘凤景,等.基于Hypermesh的中型货车车架有限元分析与优化[J].煤矿机械,2009(04):11-13.

[2] 王书贤,薛栋,陈世淋,等.基于HyperMesh的某轿车白车身模态和刚度分析[J].重庆理工大学学报(自然科学),2019(7).

[3] 吴凯佳,苏小平.某工程车辆车架的结构动力学分析与优化[J].南京工业大学学报:自然科学版,2019(6):688-694.

[4] 彭旺,张雅鑫.Simulation Analysis and Performance Optimization of Coach Frontal Collision% 客车正面碰撞仿真分析及性能优化[J].客车技术与研究,041(004):9-11.

[5] 郭耀璘.某乘用车白车身模态分析[J].内燃机与配件,2019(17).

[6] 于志新,曹全德,杨士通.某载货汽车车架有限元分析及尺寸优化[J].机械工程师,2018(1):18-20.

[7] 杨春梅,南超,马岩,等.基于Hypermesh联合LS-DYNA的小径木采伐机构动力学分析[J].林业机械与木工设备,2018(7).

[8] 韩全,卢剑伟.中型货车车架快速分析系统开发[J].机械设计与制造,2014(4):166-168.

[9] 邓祖平.基于有限元分析的中型卡车车架改进设计及其试验研究[D].南京:南京理工大学,2012.

[10] 石常青,丁厚明,杨胜梅.Finite Element Analysis of Truck Frame and Effects of Cargo Body on Frame Performance% 货车车架的有限元分析及车厢对其性能的影响[J].汽车技术,000(4):5-8.

[11] 杨毅.基于HyperWorks的平衡轴轴壳有限元分析[J].机械工程师,2018(1):171-172.

[12] 梁昊.铁路货车转向架侧架的有限元分析及试验对比[J].现代制造技术与装备,2019(5).

[13] 王倩,王佳利,张崇.一种钣金结构铁路列车蓄电池箱静力学有限元分析[J].电子世界,2019(4):48-49.

一种电动客车油泵双回路供电的转换器总成及其控制策略研究

刘　敏,范佩金,黄　洋,陈明菲

(成都广通新能源汽车产业技术研究有限公司,四川　成都　610000)

摘　要:本文介绍了一种油泵双回路供电方法及其控制策略,可有效解决原油泵控制系统故障后的停机问题,可在故障后长时间代替原油泵控制器工作,同时在系统安全性、可靠性以及成本等方面具有突出的优势。

关键词:油泵;转换器;策略

0　引言

目前电动客车转向助力油泵大多无后备保护方案,当油泵控制器故障或相关整车线路出现严重故障后,高速行驶的车辆转向助力将立刻消失,危及乘客的安全或发生交通事故。本文提出的一种油泵双回路转换器总成(辅机)可以解决原油泵控制器(主机)或相关整车线路出现严重故障后,辅机直接从动力电池取电,经过内部的三相逆变电路将高压直流电转换为三相交流电后给油泵电动机供电。主机回路故障后供电旁路了原主机电路,辅机以动力电池作为能量的入口进行转换,同时由于转向助力油泵是大惯性环节,负载力矩较大,极短的时间内便会将转速降到很小,从而可以保证主机回路故障后辅机回路的快速切入。本文同时提出了主辅电源切换的控制策略,可保证系统切换是安全和可靠的。

1　电路解析

1.1　主回路拓扑

图1-1所示为油泵双回路供电转换器总成的原理图,其中BAT1为动力电池电源,K1为辅驱继电器,F1为熔断器,DCAC1为主机DCAC模块,KM1为交流接触器,M1为转向助力油泵。D1为电力二极管,F2为熔断器,DCAC2为辅机DCAC模块,KM2为交流接触器。

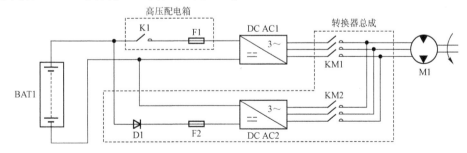

图1-1　油泵双回路供电转换器总成主回路拓扑

BAT1是车辆动力的源头,为整车高压部件提供能量。电动客车转向助力油泵受油泵控制器的控制,即DCAC逆变模块。是一组三相桥式逆变电路,将整车的高压直流电逆变为交流电,为油泵电动机提供电能。一般地,在DCAC1之前会接K1直流继电器和快速熔断器(保险),K1一般在高压配电箱内,起分断油泵控制器回路的作用,其触点的闭合受整车控制器的控制。F1可以在负载发生过电流或短路时而主机逆变模块内的电子开关未触发保护作用的情况下,起快速断开连接回路的作用。

如果发生主机 DCAC 模块停止输出,高压配电箱内辅驱继电器故障,动力电池单体跳变,高压配电箱低压供电异常以及主机 DCAC 模块到动力电池之间的线路故障时,转向助力油泵就会停机。

本转换器总成外置电路如图 1-1 中"转换器总成"虚线框内容。该转换器可有效解决以上问题。D1 是电力二极管,起隔离作用,由于二极管的反向电压很高,所以电流只能从动力电池向负载流通。DCAC2 是辅机 DCAC 模块,主电路拓扑和主机 DCAC 模块基本一致,F2 是快速熔断器,用于在负载出现过电流或短路时而辅机 DCAC 模块内电子开关未起到作用时,起快速断开回路的作用。KM1 和 KM2 是三相交流接触器,起到失压保护和主辅机无缝切换的作用。

由于辅机是直接从动力电池取电,所以主机故障时跳开了一些中间环节,保证了辅机的电源供给是可靠的,同时转换器总成增加的快速熔断器和二极管可保证动力电池的安全。

1.2 低压互锁电路

为保证整个电路的安全,主机 DCAC 模块和辅机 DCAC 模块在油泵运行的不同工况下,只能有一个工作,而另一个处于待机状态,否则给油泵的三相电源将通过 DCAC 模块内 6 个 IGBT 的寄生二极管整流成直流电,能量堆积在 DCAC 模块滤波电容上。DCAC 模块内部主回路拓扑如图 1-2 所示。

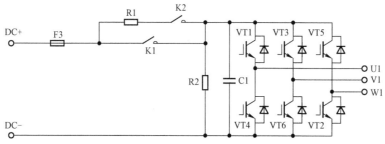

图 1-2 DCAC 模块内部主回路拓扑

DC + 和 DC - 是 DCAC 模块输入电压,F3 是模块熔断器,R1 是预充电阻,K2 是预充回路继电器,K1 是主回路继电器,C1 是滤波电容,VT1～VT6 是 6 个 IGBT,每个 IGBT 有一个寄生二极管,R2 是放电电阻,在 DCAC 停止输出后泄放掉电容 C1 上的能量。U1、V1、W1 是 DCAC 模块三相输出接口,给转向助力油泵电动机供交流电。

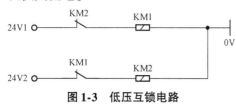

图 1-3 低压互锁电路

由于主辅 DCAC 模块只能有一个在工作,所以最可靠的方式就是从硬件上进行互锁。当 24V1 带电后,KM1 接触器线圈通电,接触器主触点吸合。同时由于 KM1 常闭触点串在 KM2 线圈中,所以当 KM1 吸合后,KM2 是断开的,同理 KM2 工作时,KM1 断开,如图 1-3 所示。

2 控制策略

正常情况下当主辅机 DCAC 模块高低压上电后,转换器总成检测到主机油泵使能信号后,主机先判断模块的工作情况,当模块自检无故障,闭合转换器总成内的主机交流接触器,主机开始正常输出,IGBT 工作,DCAC 模块按给定频率开始输出交流电,当电动机的电磁转矩大于电动机阻力转矩后电动机开始转动。如果在异常情况下,主机及其线路故障触发了主机的一二机停机故障后,如果没有此套转换器总成,则油泵将会停机,转向助力消失,转向泵油压下降,驾驶员就打不动转向盘,这种情况下如果车辆高速行驶或转弯时将会产生严重的后果。本转换器总成将在主机故障时参与控制,即当主机故障后,主机断开转换器总成后面的交流接触器,此时通过整车后备线路给转换器总成中的辅机交流接触器供电,使辅机交流接触器闭合,同时故障时主机通过 CAN 报文或硬线使能,给辅机发送启动指令(求救信号),辅机模块自检无误后,判断当前车速,如果车速大于 3km/h 时,辅机延时(250ms)起动,辅机开始输出交流电给油泵电动机。特别说明的是,由于转向助力油泵本身是大惯性环节,所以在主辅机切换的过程中,转向油泵电动机会先制动,但是约 200ms 转向油泵电动机转速就接近为 0,故主辅机切换需要加一定的延时,此举可防止辅机带载起动,引起过电流现象。

辅机正常起动后可以代替主机工作,直到满足正常停机的条件,如辅机的停机故障或钥匙下电。当辅机正常工作时,收到动力电池的三级故障,则辅机需维持转向助力 30s 后停机。

具体主辅 DCAC 切换流程如图 2-1 所示。

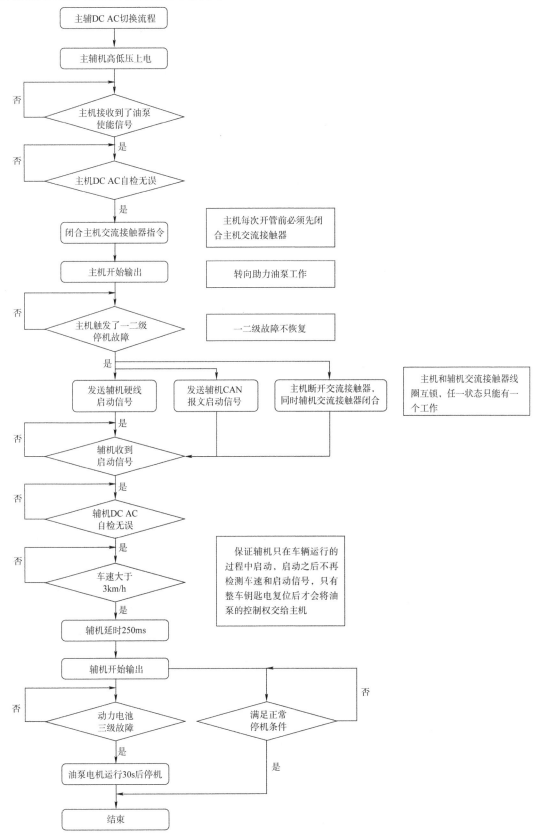

图 2-1 主辅机切换流程图

3 仿真结果

图 3-1 所示为转换器总成电力二极管阴极的电压波形,从波形可以看出,辅机切换前系统母线电压为 664V,切换后的电压为 936V,二极管的阴极电压上升了 272V,切换时的能量会暂时堆积在二极管侧,而二极管反向耐压是 1500V,所以足以承受短时的电压。当切换动作完成后,二极管导通。

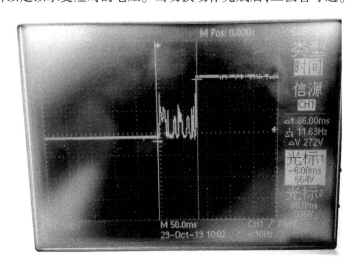

图 3-1　主辅机切换时辅机母线电压

4　总成 3D

转换器总成轴测图如图 4-1 所示,转换器总成爆炸视图如图 4-2 所示。

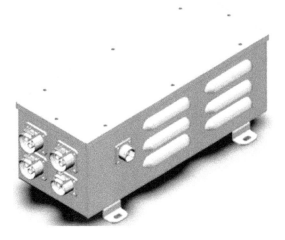

图 4-1　转换器总成轴测图

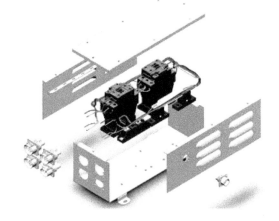

图 4-2　转换器总成爆炸视图

5　结语

本文公开了一种双回路供电系统、电动汽车的转向助力油泵供电控制方法及装置,解决了相关技术中电动汽车的油泵回路出现故障时,油泵无法连续工作,容易造成交通事故的技术问题。本文还详细地给出了电路解析和主辅机切换的控制策略,并对关键技术点进行了仿真,最后还给出了转换器总成的壳体和电气 3D 设计。本转换器总成具有很强的实用性,在性价比、安全性、可靠性等方面有显著的优势。

参 考 文 献

[1] 程夕明,张承宁.新能源汽车功率电子基础[M].北京:机械工业出版社.2018.
[2] 严朝勇.电动汽车电机控制与驱动技术[M].北京:机械工业出版社.2018.
[3] 徐艳民.电动汽车动力电池及电源管理[M].北京:机械工业出版社.2015.
[4] 高大威.汽车电力电子学[M].北京:清华大学出版社.2019.

有限元分析在某城市纯电动客车轻量化设计中的应用

李 兵, 王满光, 叶 陈

(中植一客成都汽车有限公司,四川 成都 610100)

摘 要:运用有限元分析软件,在纯电动客车车身设计过程中,对车身进行分析优化,以达到在保证车身结构强度的前提下,使车身轻量化的目的。

关键词:纯电动客车;轻量化;有限元分析

0 引言

伴随着全球资源的日趋紧张和环保压力的逐渐加大,新能源汽车在最近几年得到大力发展,作为公共交通系统中重要一环的公交客车,在各级政府的推动下,电动化发展速度尤为迅速。轻量化技术作为提高纯电动客车续航里程行之有效的手段之一,已经在国内外各大客车企业和研究机构中引起了高度重视。客车骨架轻量化应同时兼顾减重和安全性,通过基于有限元分析的结构优化改进,不仅可使客车的骨架质量减少,降低制造和运营成本,而且能保证结构的可靠和安全性。

1 软件介绍

本文中所使用的三款软件:HyperMesh、OptiStruct、HyperView 都是 Altair HyperWorks 仿真平台旗下的产品。其中 HyperMesh 是一个高效的有限元前后处理器,能够建立各种复杂模型的有限元和有限差分模型,与多种 CAD 和 CAE 软件有良好的接口并具有高效的网格划分械力。OptiStruct 是一个有限元结构分析和优化软件,内含一个准确快速的有限元求解器。HyperView 是一个完整的后处理和可视化用户环境,用于处理有限元分析(FEA)数据、多体动力系统模拟数据、视频数据和工程数据等。

2 车型介绍

本文所讨论的车型为一款 6m 纯电动城市客车,车身及底架采用全承载桁架式结构,该车在原车型基础上增加了电量,随着电量的增加,车辆自重也随之增加,为保证车辆达到设计续航里程及满足 E_{kg} 指标,必须对车辆进行减重处理。考虑到整车布置及载荷分布情况,此次减重主要针对左右侧围骨架及底骨架。在对原整车骨架进行有限元分析后,得出应力分布情况及相关强度、刚度数值,据此对相关骨架进行调整。

3 主要骨架调整后的前后对比

左右侧围骨架主要进行了材料型号的优化选型,底骨架因是主要承载部位,在优化时着重考虑结构的安全性及可靠性,部分材料采用了高强度材料进行代替。优化调整前后的情况如图 3-1 ~ 图 3-3 所示,表 3-1 为主要更换材料的对比,表 3-2 为有限元分析中使用到的材料属性参数。

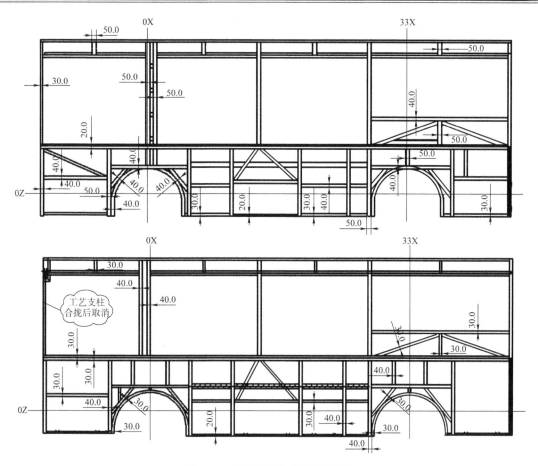

图 3-1 左侧围骨架(下为调整后)

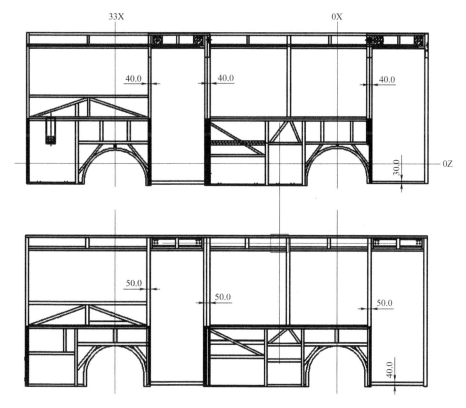

图 3-2 右侧围骨架(下为调整后)

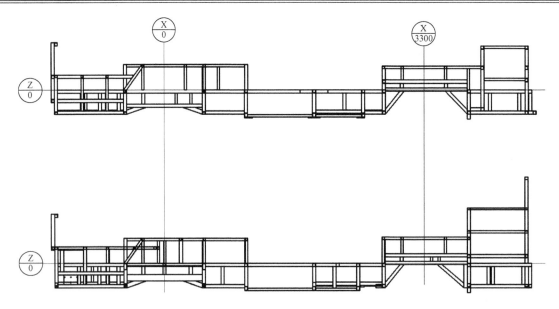

图 3-3　底骨架(下为调整后)

主要更换材料对比表　　　　　　　　　　　　　　　表 3-1

序号	名　称	原用材料材质及规格	现用材料材质及规格
1	侧窗上立柱	KQJ50×30×2/Q235	KQJ40×30×2/Q235
2	侧窗立柱	KQJ50×40×3/Q355	KQJ40×40×2/Q355
3	侧窗横梁	KQJ50×40×2/Q355	KQJ40×30×2/Q355
4	侧窗斜撑	KQJ40×40×2/Q235	KQJ40×30×2/Q235
5	大板横梁	KQJ50×40×2/Q355	KQJ50×30×2/Q355
6	裙立柱	KQJ50×50×3/Q355	KQJ50×40×3/Q355
7	裙边横梁	KQJ30×30×2/Q355	KQJ30×20×1.5/Q355
8	轮拱弯梁	KQJ50×40×2/Q355	KQJ50×30×2/Q355
9	轮拱斜撑	KQJ50×40×2/Q355	KQJ50×30×2/Q355
10	前乘客门立柱	KQJ50×40×2/Q355	KQJ40×40×2/Q355
11	中乘客门立柱	KQJ50×40×3/Q355	KQJ40×40×3/Q355
12	底架主纵、横梁及斜撑立柱等	KQJ80×40×3/Q355 KQJ50×40×3/Q355 KQJ40×40×2/Q355	KQJ80×40×2/QStE700TM KQJ50×40×2/QStE700TM KQJ40×40×2/QStE700TM

矩管材料属性　　　　　　　　　　　　　　　　　　表 3-2

序号	材料	密度(t/mm³)	泊松比	弹性模量(MPa)	屈服极限(MPa)	强度极限(MPa)
1	Q235	7.8E−09	0.3	210000	235	375
2	Q355	7.8E−09	0.3	210000	355	470
3	QStE700TM	7.8E−09	0.3	210000	620	700

4　建模分析

4.1　建立有限元模型

根据调整后的二维图纸,通过 UG 建立车身骨架三维模型。建模过程中,在保证准确反应车身骨架结构特点及力学特性的前提下,尽量简化骨架结构。

4.2 单元选择

本有限元模型的单元类型为壳单元。根据有限元理论,当结构一个方向的尺度(厚度)远小于其他方向的尺度,并忽略沿厚度方向的应力时,可以用壳单元模拟。本车型车身骨架主要为矩管,其厚度小于截面结构尺寸的1/10,非常适合用壳单元进行模拟,所以采用四边形壳单元(CQUAD4)进行网格划分,在结构复杂处采用三角形壳单元(CTRIA3)进行过渡。矩管之间的焊接采用节点重合和刚性连接的方式模拟。有560085个CQUAD4单元和2094个CTRIA3单元,三角形单元占0.37%,小于5%的要求。另外包括质量单元、RBE3单元、刚性连接单元,共有节点548805个、单元562307个。整车结构有限元模型如图4-1所示。

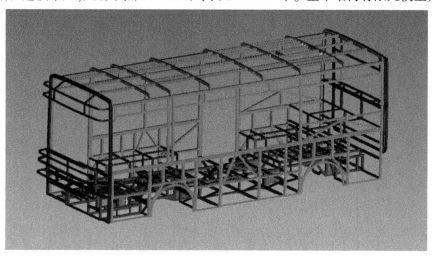

图4-1 整车结构有限元模型

4.3 载荷情况分析

载荷施加方式:把载荷设置为质量单元,用RBE3单元连接到车身相应位置,载荷情况详见表4-1。

6m纯电动城市客车主要载荷情况表　　　　　　　　　　表4-1

序号	载荷	质量(kg)	备注
1	空调	140	
2	电池	600	200kg×3
3	电控等电器	100	
4	电动机	220	
5	打气泵	40	
6	转向系统	60	
7	中乘客门	80	
8	前乘客门	80	
9	侧窗玻璃	175	25kg×7
10	前窗玻璃	85	
11	后窗玻璃	20	
12	驾驶员和驾驶椅	90	65kg+25kg
13	单人椅和乘客	75×5	(65+10)kg×5
14	双人椅和乘客	146.5×6	(16.5+65×2)kg×6
15	前中部站立乘客	1820	65kg×28
16	后部站立乘客	455	65kg×7
17	车身自重	1005	六大片简化后的质量

5 典型工况

5.1 极限弯曲工况计算

5.1.1 工况分析

汽车行驶时,前后车轮同时驶过相同高度的障碍物时,作用在车身上的力称为对称垂直动载荷,其工况定义为垂直弯曲工况,对公共汽车而言最大对称垂直加速度可达 2.5g。在进行静态极限弯曲工况强度分析时,要在实际载荷的基础上考虑 2.5 倍动载系数。

5.1.2 计算结果分析

5.1.2.1 强度计算结果

强度计算结果如图 5-1 所示。

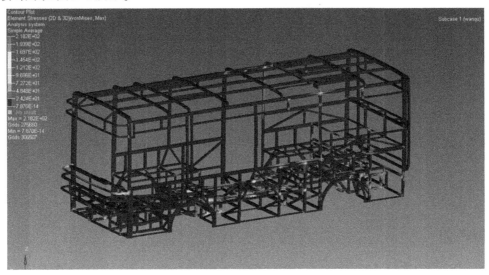

图 5-1 车身弯曲工况应力云图

如图 5-1 所示,结构上的最大应力为 218.2MPa,未超出材料屈服极限。

5.1.2.2 位移计算结果

位移计算结果如图 5-2 所示。

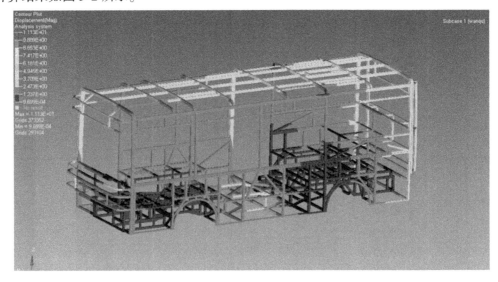

图 5-2 车身弯曲工况位移云图

最大位移为 11.1mm。

5.2 极限扭转工况计算

5.2.1 工况分析

当汽车在凹凸不平的路面上行驶时,汽车车轮会碰撞到不同的障碍物,此时不同车轮上作用着不同的支撑反力,因而车身除承受弯曲力矩外还承受扭转力矩的作用。在极限情况下,即在最大扭转力矩的情况下,一个轮子处于悬空状态,此工况定义为极限扭转工况。对公共汽车而言最大斜对称垂直加速度可达 $1.5g$,在进行极限扭转工况强度分析时,要在实际载荷的基础上考虑 1.5 倍动载系数。

5.2.2 计算结果分析(右前轮悬空)

5.2.2.1 强度计算结果

强度计算结果如图 5-3 所示。

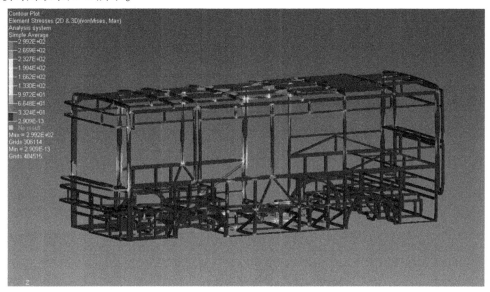

图 5-3 车身右前轮悬空工况应力云图

如图 5-3 所示结构上的最大应力为 299.2MPa,未超过材料屈服极限。

5.2.2.2 位移计算结果

位移计算结果如图 5-4 所示。

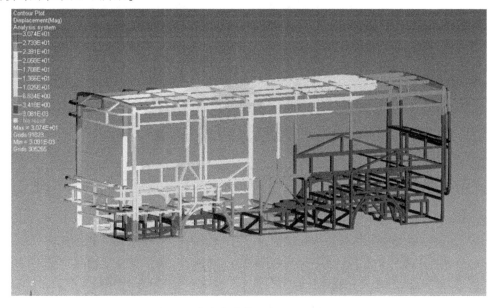

图 5-4 车身右前轮悬空工况位移云图

最大位移约为30.7mm。

5.2.3 计算结果分析(左前轮悬空)

5.2.3.1 强度计算结果

强度计算结果如图5-5所示。

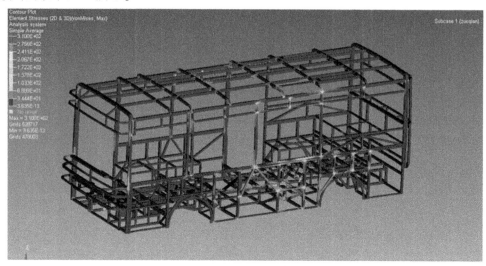

图5-5 车身左前轮悬空工况应力云图

如图5-5所示,结构上的最大应力为310MPa,未超过材料屈服极限。

5.2.3.2 位移计算结果

位移计算结果如图5-6所示。

图5-6 车身左前轮悬空工况位移云图

最大位移约为25.8mm。

5.3 紧急制动工况计算

5.3.1 工况分析

汽车在行驶过程中,遇到突发状况会紧急制动,在这种情况下车身骨架会受到纵向力的作用,这时车身骨架受到垂向和纵向两个方向的载荷。其中垂向载荷为车身自重、乘客重和空调等部件的质量;纵向载荷为车上质量在减速时产生的惯性力。减速时的加速度大小受路面附着率的影响,客车在紧急制动时的最大加速度可以达到$0.7g$。所以在紧急制动工况计算时施加纵向$0.7g$的惯性力。

5.3.2 结算结果分析

5.3.2.1 强度计算结果

强度计算结果如图 5-7 所示。

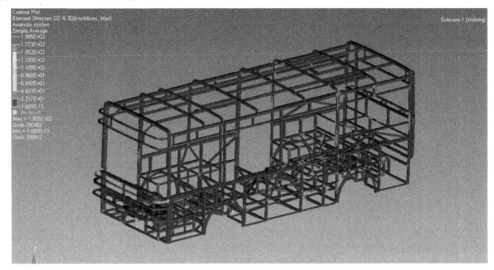

图 5-7 车身紧急制动工况应力云图

如图 5-7 所示,自主设计结构上的最大应力为 199.5MPa,未超出材料的屈服极限。

5.3.2.2 位移计算结果

位移计算结果如图 5-8 所示。

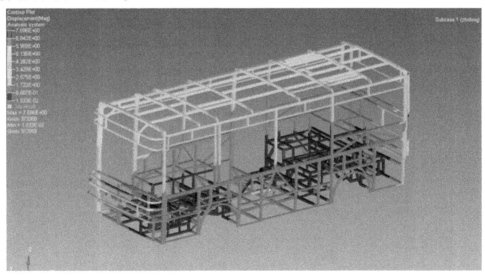

图 5-8 车身紧急制动工况位移云图

最大位移约为 7.7mm。

5.4 急转弯工况计算

5.4.1 工况分析

汽车在行驶中经常要转弯,在这种情况下车身会受到侧向力作用,这时车身骨架受到垂向和侧向两个方向的载荷。其中垂向载荷与紧急制动工况的垂向载荷相同,侧向载荷为车上质量在转弯时产生的离心惯性力。根据中国客车结构的实际情况,转向盘在左侧,并靠右行驶,所以左转弯的半径要明显大于右转弯半径,因此同等情况下右转弯的惯性力要大于左转弯的惯性力,所以只需分析右转弯的工况。客车转向的离心加速度通常取 $0.4g$,所以在急转弯工况计算时施加 $0.4g$ 的侧向惯性力。

5.4.2 计算结果分析

5.4.2.1 强度计算结果

强度计算结果如图 5-9 所示。

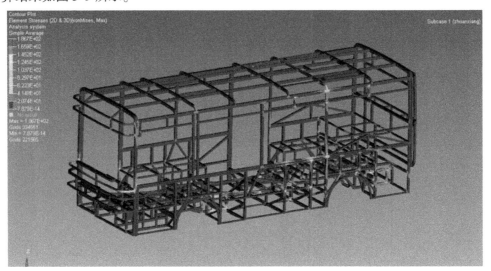

图 5-9　车身急转弯工况应力云图

最大应力为 186.7MPa，未超出材料的屈服极限。

5.4.2.2 位移计算结果

位移计算结果如图 5-10 所示。

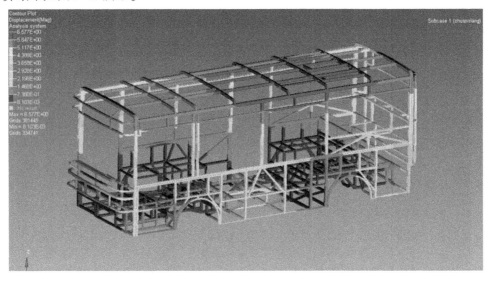

图 5-10　车身急转弯工况位移云图

最大位移约为 6.6mm。

5.5　模态计算

5.5.1　工况分析

客车在行驶过程中，往往会受到各种外部激励产生振动，如果激励源的振动频率与车身整体或局部结构的固有频率接近或相同，就会产生共振现象。共振会带来巨大的噪声、破坏车身结构。所以在客车车身设计时，有必要对车身的固有频率进行分析，以使车身的固有频率避开外界激励源的频率。路面、轮胎和悬架的激励频率一般在 5Hz 以下，驱动电机的怠速和工作频率一般在 50Hz，所以车身的前几阶频率最好在 5~50Hz。

5.5.2 计算结果分析

前五阶固有频率的值见表5-1。

前五阶固有频率表（单位：Hz）　　　　　　　　　表5-1

阶数	第一阶	第二阶	第三阶	第四阶	第五阶
频率	11.043	13.956	18.806	19.453	21.325

图5-11~图5-15所示为振型图。

图5-11　第一阶

图5-12　第二阶

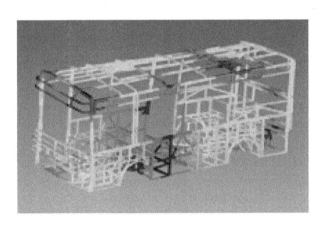

图5-13　第三阶

图5-14　第四阶

前五阶模态在11.043~21.325Hz，整体结构不会产生受激共振的现象。

5.6　结论对比

整车骨架结构做了强度、刚度和模态的有限元分析。其中强度刚度分析分别进行了极限弯曲、极限扭转、紧急制动、急转弯等4个极限工况的计算；模态分析提取了前五阶的固有频率。

通过强度计算我们得知，4个极限工况下车身骨架结构的应力都没有超出材料的屈服强度，结构满足强度要求。

通过模态分析可知，结构前十阶固有频率在11.043~21.325Hz，避开了地面激励频率和电动机激励频率，车辆整体结构在正常行驶时不会产生共振现象。

图5-15　第五阶

6 结语

本文通过建立整车骨架有限元模型,并对模型进行各典型工况下强度、刚度及模态的分析。通过分析得出调整优化后的整车骨架结构能够满足强度要求,并且避开了共振频率,车辆在行驶过程中不会发生共振,达到舒适度要求。轻量化后的整车骨架减重165kg,达成初始轻量化目标,由此说明有限元分析在客车轻量化设计中是切实可行的。

参 考 文 献

[1] 中华人民共和国国家标准.客车结构安全要求:GB 13094—2017[S].北京:中华人民共和国国家质量监督检验检疫总局,2017.
[2] 苏亮.有限元分析在客车轻量化设计中的应用[J].客车技术与研究,2013(5).

客车底盘与总成开发

电动管柱液压助力转向系统无动作升温问题的研究

秦宬,梁丰收,盛君,陈晓波

(比亚迪汽车工业有限公司,深圳 518118)

摘 要:某车型采用电动管柱液压助力转向系统作为自动驾驶转向执行层,在调试上层控制时出现原地无转向动作、液压系统异常升温问题。本文主要介绍上述异常升温问题的故障现象、原因分析、改善措施及效果等方面,提高系统认知并丰富匹配经验。

关键词:电动管柱;液压系统;无动作升温;原因分析

0 引言

随着电动电控技术的迅速发展,电动电控液压助力转向系统(ECHPS)将成为电动客车转向系统过渡阶段的主要方案,以电液耦合控制方法实现整车转向功能。电动管柱液压助力转向系统其关键在于电动转向管柱(C-EPS)与液压循环球转向器(RCB)的匹配:相对于电动客车传统EHPS,通过将传统转向管柱替换为C-EPS,可以实现角度、角速度或扭矩控制的电控方法;相对于乘用车EPS,电动客车由于前轴载荷较大仍需保留RCB作为扭矩输出,与乘用车齿轮齿条转向器作为转向执行机构的存在原理及结构差异。因此,电动管柱液压助力转向系统在电动客车上的应用有其特殊性。某车型采用电动管柱液压助力转向系统,并作为自动驾驶转向执行机构,在调试过程中发现,偶有原地无转向动作、液压系统异常升温的问题。针对上述问题,将从原理介绍、原因分析、改善方法及效果等几个方面作详细阐述。

1 故障描述

(1)车辆满载,原地转向调试约1.5h后,油罐过温变形损坏,转向液自油罐接口处流出,前后两根高压软管四个接头均渗油破损。

(2)更换油罐油管后,整车上电,发现原地无转向动作的情况下,转向盘处于中间位置附近,30min后油泵自室温上升至78℃。

(3)自上述升温过程后,将转向盘停留在左转30°左右,无转向动作约30min后降至45℃,但将转向盘重置到中间位置后,无转向动作30min后又升至70℃以上。

2 原因分析

2.1 电流变化情况

根据上述故障描述中,转向盘中间位置升温快与左转30°升温慢的现象,对转向电动机和电动管柱电动机的电流情况进行测试,判断能量来源及对称性或其他异常。

通过表2-1转向电动机电流摸底可知,虽钳流表电流测试存在一定误差范围,但通过以上左右转转向电动机电流测试,电流消耗基本对称,随角度增大的趋势也无异常。

通过表2-2电动管柱电动机电流测试数据发现:
(1)随着保持角度增加,电动管柱电动机电流升高,趋势正常。
(2)同一位置下,手动保持电流较小和自动保持下电流较大,存在模式差异正常。
(3)原地手动模式下转到某一角度下放手后,转向盘在轮胎回正力的作用下回位一定角度,与普通管柱回位情况相仿,动作正常。

（4）上述期间发现,在回位完毕后,若主动给整车断电,转向盘有出现轻微回弹,在中间位置附近的断电回弹角度为28°左右。

转向电动机电流摸底 表2-1

转向盘左/右转角度(°)	左转转向电动机相电流(A)	右转转向电动机相电流(A)
0	1.70	2.06
30	3.11	2.43
60	4.65	3.45
90	4.36	3.81
120	4.80	3.11

电动管柱电动机电流摸底 表2-2

转向盘角度(°)	电动管柱电动机电流(A)	转向盘角度(°)	电动管柱电动机电流(A)
手动保持左5	0.05	自动保持0	1.01
手动保持左23	0.14	手动保持0	0.27
手动保持左40	0.31	断电回弹至左28	0.24
手动保持左90	0.25		

2.2 升温规律

根据上述发现存在断电回弹的特殊情况,多次测试发现其回弹规律如下:

(1)并非只有中间位置断电回弹,各位置均会出现断电回弹现象。

(2)其回弹方向总是与上一动作的方向相反而与中间位置无关,例如转向盘左转180°后,在此位置的基础上右打方向至转向盘左转90°,此时断电回弹方向向左。

(3)断电回弹后重新上电再断电不回弹。

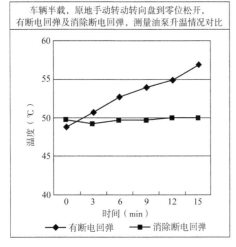

图2-1 温升规律测试

因此,由于现象特殊,需测试断电回弹与升温之间是否存在关联。

原地打方向至油泵温度为50℃为基准。转向盘自某一大角度自由回位不作其他动作,此时断电将有断电回弹现象。转向盘自某一大角度自由回位不作其他动作,断电回弹之后再次断电没有回弹现象。根据图2-1温升规律测试可知,有断电回弹状态时车辆静置15min油温升高至57℃,而消除断电回弹状态时油温维持不变。

经过多次测试以上温升规律始终符合实际情况,因此原地无转向动作液压系统异常升温与断电是否回弹有直接关联。

2.3 系统原理

手力作用在转向盘上,人为输入力矩至电动管柱,根据扭矩转角传感器和车速信号由控制器确定电动机电流大小提供辅助力矩,人手力矩和辅助力矩共同作用到转向器输入轴,由液压循环球转向器判断转阀通断方向和开度,确定上下腔的高低压,高压腔在循环球结构下放大输出力矩,由垂臂和直拉杆传递至转向前桥,低压腔油液返回油罐,其中转向电动机油泵总成为液压动力源,油罐储油、油管传导。其系统原理如图2-2所示。

由上述系统原理可知,在转向过程中,由转向前桥的后倾、内倾作用下产生的回正力,经过在杆系传递最终会作用到转向盘,因此断电瞬间助力丢失将可能造成回弹现象,但不包含转向盘在中间位置下,即转向器后端的垂臂、直拉杆、转向节、轮胎均处于静止非受力情况下,即使因轮胎形变存在轻微受力,在释放瞬间转向系统刚度将弱化逆向冲击,而经过温升规律分析可知,转向盘回到中间位置附近时仍然存在回弹现象,因此其发生回弹的力矩更可能存在于电动管柱与转向器位置。

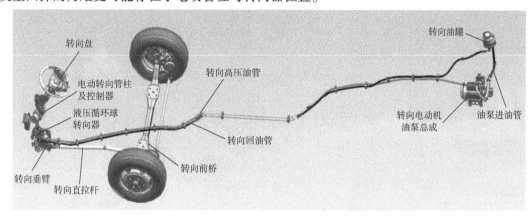

图 2-2　电动管柱液压助力转向系统

2.4　电动管柱原理

电动管柱实际是在传统机械管柱的基础上增配电动机及控制器和蜗轮蜗杆减速机构。手力作用在转向盘上并传递至转向管柱输入轴,输入轴与输出轴之间有扭杆及传感器,因扭杆形变的存在,输出轴实际滞后于输入轴,扭杆的形变量同时也是电动机进入激活的条件信号,通过蜗轮蜗杆的减速增扭控制输出轴不断缩小与输入轴之间的角度差异,最后由中间轴传递输出力矩,图 2-3、图 2-4 所示为电动管柱的装车图和结构图。

图 2-3　电动转向管柱及控制器

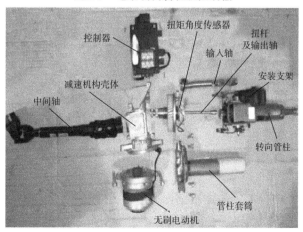

图 2-4　电动管柱结构

由以上原理可知，电动管柱电动机是否转动，实际是通过监测输入转向盘的转向意图，当无手力输入时，输入轴为自由状态，与输出轴之间无扭矩残余即扭杆无形变存在，无论整车是否断电，只要没有监测到转向意图，转向电动机一直处于待机状态，且电动管柱实际也没有参与转向液压系统中，因此，断电回弹及油液升温现象与电动管柱电动机之间暂时建立不了直接联系。

2.5 转向器原理

由中间轴传递下来的输入力矩作用在输入轴（阀杆）上，输入轴与螺杆之间有扭杆，螺杆前端有阀套与螺杆同步，阀杆与阀套组成了转阀，在一定角度行程内产生相对转动时用于判断油路通断和开度，让活塞两侧油腔产生压力差，推动活塞位移，通过扇齿处啮合和速比，使输出轴转动放大输出力矩，活塞位移内部通过循环球带动螺杆向转阀关闭的方向转动，扭杆形变逐步恢复。

转向器结构如图 2-5 所示。

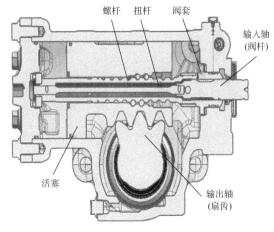

图 2-5 转向器结构

由上述工作原理可知，当输入轴与螺杆之间有相对力矩时扭杆有一定形变，当开启量足够，将有满足一定转向盘转速的转向液流量进入高压腔，完成液压助力输出。由此可见，转向器扭杆形变是转阀开启、转向器工作的条件，也是电动机油泵带载输出产热的一个条件。

2.6 原因总结

（1）无转向动作但油温持续升高，则与转向液压系统工作状态直接相关。

（2）系统持续升温，则液压系统可能持续处于转向助力状态，即电动机油泵长时处于带载输出状态。

（3）液压系统助力状态取决于转向器转阀，若转阀未能正常关闭，则电动机油泵长时处于带载输出。

（4）转向器转阀通断是否正常取决于扭杆形变是否恢复。若扭杆形变仍然存在，转阀微小的开度虽未足以使活塞产生位移，但产生一定阀控缝隙流并导致电动机油泵处于带载工况。

（5）导致扭杆形变难以恢复的残余扭矩存在于扭杆上下端，即电动管柱和转向器螺杆之间。而与传统管柱差异点是电动管柱电动机和减速机构的加入。当检测不到转向盘的人手力矩时，电动机及减速机构进入待机状态，电动机停转瞬间导致转向器扭杆形变仍然存在，而扭杆上下两端均已静止，将导致残余力矩保持在转向器扭杆上。此时整车断电，液压助力完全消失，且电动管柱控制器上的待机微小电流也会消失，上下两端的保持力退掉时扭杆得以恢复，与现象可建立直接联系。

（6）扭杆刚度过小是决定扭杆形变恢复能力弱是根本原因。与普通管柱相比，由于其结构简单，转向盘放手瞬间扭杆带动传动管柱和转向盘，解除转向器扭杆变形是相对轻松的。但电动管柱由于电动机和减速机构的加入，逆向阻力矩增大到 $3\sim 5N\cdot m$，而由于普通液压循环球转向器需要考虑轻便性，一般 10MPa 下的输入力矩仅为 $4.5\sim 6N\cdot m$，即扭杆很软，导致上端恢复形变困难。而扭杆过软同时又导致转向器阀杆发套因扭杆产生的滞后角度较大，因此导致了停转瞬间转阀不能及时关闭，继而造成原地无动作异常升温。

3 改善措施

通过以上原因分析确定了增大扭杆刚度、增大输入手力的方向。扭杆一方面要正常工况能够使用疲劳风险小，另一方面应刚度较大滞后小并可克服电动管柱阻力矩回位。现有转向器手力特性曲线如图 3-1 所示。

由上述曲线趋势可以看出，过小的标称输入扭矩将可能导致空载下（低工作压力）扭矩更小，影响回位速度、回位效果。根据当前曲线趋势以及空满载转向计算校核拟订 $11\sim 13N\cdot m$ 扭杆，由上图趋势工作压力变化率（$6\sim 10MPa$）输入扭矩变动约 $1/6=17\%$ 保持不变，可预估加大后的扭矩在空载下为 $9\sim 10.5N\cdot m$，使之大于阻力矩一定范围。扭杆趋势预估校核见表 3-1。

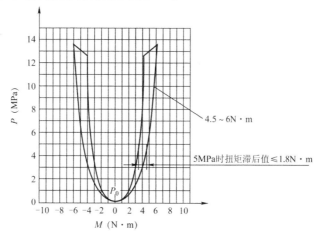

图 3-1 原手力特性曲线

扭杆趋势预估校核　　　　　　　　　　　　　　　　　　　　　表 3-1

工　况	前轴载荷(kg)	工作压力(MPa)	输入扭矩(N·m)
满载	3500	9.5	11～13
空载	2530	6.9	9～10.5

通过上述需求评估,调整修改转向器手力特性曲线如图 3-2 所示,用于匹配电动管柱。

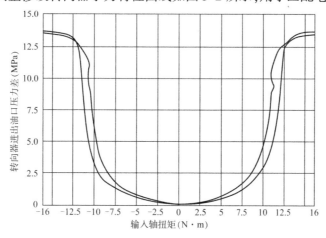

图 3-2 新手力特性曲线

4 效果验证

模拟整改前有断电回弹的操作:假设目标转向盘位置为 0°左右,将转向盘左转至某一个大角度,然后回拨转向盘 0°左侧一个附近角度,依靠回正能力会带动转向盘回到一个相对自由的状态,使之此时转向盘基本正中状态。断电测试是否继续回弹。测试结果:断电瞬间无继续回弹。重复目标位置为任何角度,均无继续回弹现象。

参照原因排查过程的油温测试方法,经过改善后的温升情况如图 4-1 所示。因此,按照既定方案,电动管柱匹配 10MPa 下 11～13N·m 大手力输入转向器能够有效解决原地无转向动作异常升温的问题。

5 结语

经过对电动管柱液压助力转向系统原地无转向动作异常升温的问题的分析、改善、验证,我们可知以下几个要点:

(1)电动管柱与液压循环球转向器匹配时,不能直接使用常规手力特性转向器,宜选择大扭杆刚度的转向器。

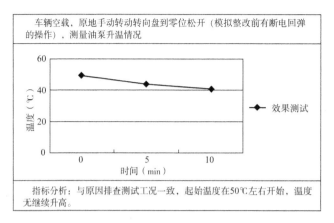

图 4-1 温升记录

（2）熟知各零部件工作原理,在原因排查过程中将有助于迅速锁定故障原因并找到改善方向。

（3）由原理分析至参数优化的跨越,在一定程度上依赖于匹配经验和测试规划。

参 考 文 献

[1] 郑伟.电动转向助力系统(C-EPS)研究[D].哈尔滨:哈尔滨工业大学,2018.
[2] 吕程盛.商用车电液耦合转向系统控制策略研究[D].长春:吉林大学,2017.
[3] 刘偲.某微型客车的电动助力转向系统匹配设计研究[D].长沙:湖南大学,2012.
[4] 张君君.电控液压助力转向系统的设计研究[D].镇江:江苏大学,2009.

基于RAMSIS仿真的驾驶员人机工程校核方法研究

赵 龙, 宋喜辉, 高 祥, 田祎楠

[潍柴(扬州)亚星新能源商用车有限公司, 扬州 225000]

摘 要: 在汽车设计中, 驾驶员视野及姿态舒适度直接影响汽车的使用和安全等, 在进行布置设计时必须考虑驾驶员人机相关各项是否能够满足使用要求。本文基于RAMSIS仿真软件, 结合某款轻型客车各器件的布置方案, 对驾驶员人机相关视野、法规、舒适性作主观评价, 对驾驶座椅布置提供参考。

关键词: RAMSIS; 人机工程; 视野法规

0 引言

随着我国汽车行业标准法规的完善, 越来越多的法规相继出台, 特别是与驾驶员相关的强制性人机安全法规对驾驶性能要求越来越严格。直接地, 驾驶座椅的更新, 座椅参考点变动, 会引起驾驶员姿态发生变化, 驾驶员视野必须满足相关法规; 人机相关校核项目众多、操作复杂、校核复杂且对准确度要求高。本文基于驾驶员人机法规要求, 应用RAMSIS仿真软件, 为后续校核提供快捷有效的方法。

1 设计目标

基于RAMSIS仿真软件, 根据法规要求, 更换驾驶座椅后, 需对人机相关项目进行校核。主要校核项目: 人体舒适性、操纵便利性、A柱障碍角、驾驶员前方视野、外后视野、内后视野、仪表反光炫目等项目需做数据校核, 得出是否达标结论, 为设计改进提供指导与参考。

2 设计过程

2.1 H点确定

座椅变动后, H点一般也会变动, 按照驾驶座设计状态数模将座椅布置在座盆, 通过座椅参考点定义测量H点。在未知座椅参考点的情况下, 根据《汽车H点确定程序》(GB/T 11563—1995)定义, H点指三维H点装置的躯干和大腿的铰接中心, 它位于此模型的两侧H点标记钮间的装置的中心线上。将三维H点装置布置在驾驶座上, 参照GB/T 11563—1995中测量流程, 模拟驾驶员操作姿态, 调整三维H点装置各部件至适当位置, 通过点云扫描, 逆向数据, 在整车坐标系下确定该座椅布置时的座椅参考点坐标即为H点。

某轻客原型车驾驶员H点坐标为 (x_0, y_0, z_0) 驾驶员座椅更新后H点坐标为 $(x_0 + 39.6, y_0 - 13, z_0 - 30)$, 即沿X轴前移39.6, 沿Y轴左移13; 沿Z轴下移30; H点变动偏大, 驾驶员人机相关需校核确认。三踏板踵点、踏点、转向盘中心点等硬点暂不做变动。

某轻型客车新旧驾驶座椅外形对比如图2-1所示。

图2-1 某轻型客车新旧驾驶座椅外形对比

2.2 人体舒适性

按照新座椅对应 H 点、AHP、靠背角,布置人体模型。通过 RAMSIS 创建 SAE 95% 人体,并约束其靠背角、臀点、左手掌点、右手掌点、右脚踵点、右脚脚掌点、左脚踵点、左脚脚掌点,使之处于驾驶姿态位置。检查保证驾驶姿态下的驾驶员身体与车身零件不得有任何干涉。调用 RAMSIS 软件中的"Comfort Analysis"功能,运算出驾驶员在三踏板未动作、完全动作,即开度为 0、100% 时其驾驶姿态的不舒适度评分结果,如图 2-2 ~ 图 2-5 所示。

图 2-2 踏板初始位置时驾驶姿态

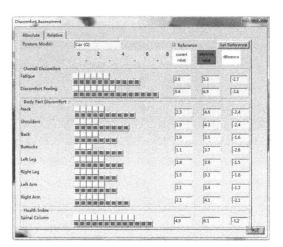

图 2-3 踏板初始位置时驾驶姿态的不舒适度分析

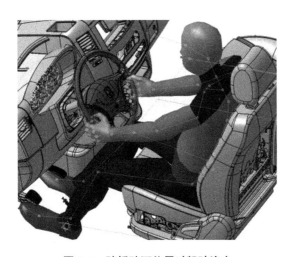

图 2-4 踏板踏下位置时驾驶姿态

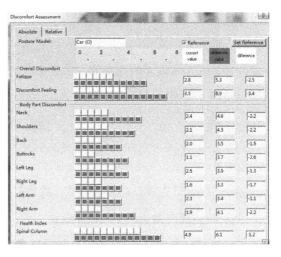

图 2-5 踏板踏下位置时驾驶姿态的不舒适度分析

RAMSIS 软件对驾驶姿态的不舒适度评分结果分成 8 级,级别越高,评分越高,则驾驶姿态越不舒适。若得分为 0,则为最舒适。该项评估包括整体不舒适度、身体各部位不舒适度、脊柱健康指数 3 个部分。原则上,做驾驶姿态评估时不舒适级别低于 3.5 是非常好的设计。通常对于驾驶员驾驶姿态,即双手握在转向盘上,右脚踏在加速踏板上,左脚在脚休息垫上时人体的整体不舒适度评价数值一般低于 3.5 是可接受的,身体各部位的不舒适度数值不超过 4 是可接受的,脊柱健康指数为 4 ~ 5 为可接受[1]。

由图 2-3 可知,驾驶员在踏板初始位置时,其驾驶姿态的不舒适度值分别为 2.6 和 3.4,均低于 3.5,而身体各部位的不舒适度值低于 4,并且脊柱健康指数也低于 5。

由图 2-5 可知,驾驶员在加速踏板、离合踏板初始位置时,其驾驶姿态的不舒适度值分别为 2.8 和 3.5,

均不超过 3.5，而身体各部位的不舒适度值远低于 4，并且脊柱健康指数也低于 5。

因此，该驾驶座及对应三踏板、转向盘布置位置方案符合人机工程的 RAMSIS 评估要求。

2.3 操纵便利性校核

驾驶员操纵便利性主要涉及转向盘、组合开关、换挡手柄、三踏板、驻车手柄及空调电气面板按钮的操作；保证上述器件操纵部分分布在驾驶员人体三指及脚伸空间区域之内即可。

可通过 RAMSIS 中"reachability limits"功能，运算出驾驶员左右手脚伸展的边界区域，判定相关器件是否分布在该区域内，如图 2-6 所示。

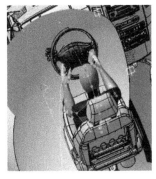

图 2-6 驾驶员左右手脚伸展的区域

操纵便利性判定见表 2-1。

操纵便利性判定　　　　表 2-1

转向盘	组合开关	换挡手柄	三踏板	驻车手柄
OK	OK	OK	OK	NOK

2.4 A 柱障碍角校核

GB 11562 中对 A 柱双目障碍角法规要求，每根 A 柱的双目障碍角不超过 6°。

取 RAMSIS 中生成驾驶员人体模型的眼点，按 GB 11562 中相关规定做水平截面 S_1、S_2 及 S_1、S_2 截面在 P 点所在的水平面，双目障碍角在该平面内测量校核，如图 2-7 所示。某轻型客车运行后，测得左侧障碍角：3.44°，右侧障碍角：1.459°，如图 2-8 所示。该轻型客车符合法每根 A 柱的双目障碍角不超过 6° 的规限值。

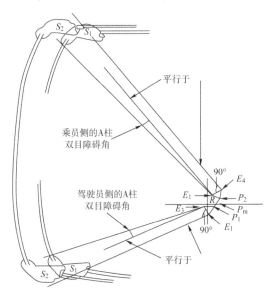

图 2-7 双目障碍角测量示意图

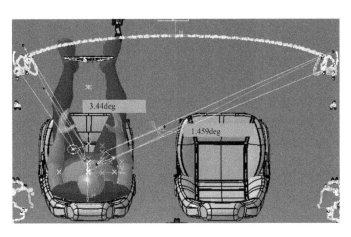

图 2-8 A 柱障碍角范围

2.5 驾驶员前方视野校核

EEC77/649 标准中要求,驾驶员上视野保证车辆前方 12m 远、5m 高的信号灯可视,下视野保证不应在车辆前端产生大于 6m 的盲区,水平视角大于 17°。

取 RAMSIS 中生成驾驶员人体模型的眼点,EEC77/649 标准中要求,做出驾驶员上、下、水平视角,如图 2-9 所示,校核后得出:某轻型客车上视野角为 25.5°,下视野角为 14.2°,左水平侧视角为 21.37°,右水平侧视角 57.6°,符合法规要求。

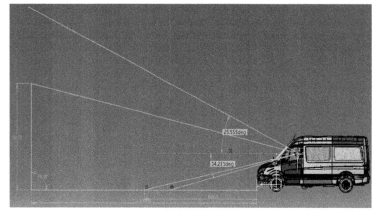

a) 上、下视角　　　　　　　　　　　　b) 水平视角

图 2-9　上、下、水平视角

2.6 外后视野校核

GB 7258 要求机动车外后视镜的安装位置和角度,应保证驾驶员能在水平路面上看见车身左侧宽度为 2.5m、车后 10m 以外区域及车身右侧宽度为 4.0m、车后 20m 以外区域的交通情况。

GB15084 要求视野应满足以下要求:驾驶员至少能看到 5000mm 宽、由平行于车辆垂直纵向中间平面并且通过驾驶员一侧车辆最远点的平面所界定、并延伸至驾驶员眼点后方 30000mm 的水平路面部分。同时,驾驶员应能够看到从通过驾驶员两眼点的垂直后方 4000mm 的点开始、宽 1000mm,由平行于车辆纵向中间平面并通过车辆最远点的平面所限定的路面。

通过 RAMSIS 中"mirror adjustment"功能,运算出驾驶员中眼经外后视镜反射后可见的区域,调整左右后视镜布置位置及角度,使驾驶员后视区在法规区域内。

某轻客后视野状况(眼点取中眼):左侧后视镜在数模状态,镜片绕旋转中心左右方向转动 1°;右侧后视镜在数模状态,镜片绕旋转中心左右方向转动 0.25°;后视线边界与车身外廓接触,使得可见区面积最大。

综合图 2-10 所示,某轻型客车后视野状况:

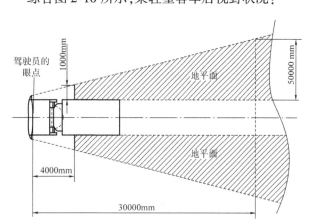 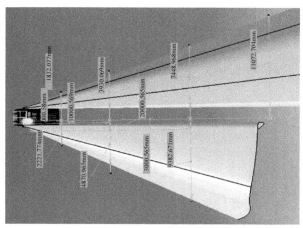

图 2-10　外后视野

(1) 眼点垂直后方 4m：左侧视野范围 2.22m>1m（法规限值）；右侧视野范围 1.83m>1m（法规限值）。
(2) 眼点垂直后方 10m：左侧视野范围 4.87m>2.5m（法规限值）。
(3) 眼点垂直后方 20m：右侧视野范围 7.45m>4m（法规限值）。
该轻型客车后视镜满足法规要求。

2.7 内后视野校核

GB 15084 中要求视野应满足：驾驶员借助内视镜应能在水平路面上看到一段宽度至少为 20000m 的视野区域，其中心平面为汽车纵向基准面，并从驾驶员眼点后 60000mm 处延伸至地面线。

由图 2-11 可见，内后镜眼点后 6m 处视野宽度为 16413mm<20000mm，该视野不满足法规要求。

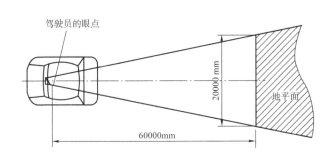
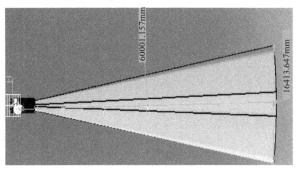

图 2-11 内后视镜视野

2.8 仪表反光炫目

传统的分析仪表炫目方法：
(1) 取各玻璃透光面边线做各角度入射光线直射仪表，再做入射光线经仪表后的反射光线，判断反射光线是否经过眼椭圆，经过眼椭圆则仪表炫目；
(2) 均匀取组合仪表边缘上的数点、眼椭圆上的数点，做连接线，这些连接线为经组合仪表反射可能经过 95% 分位驾驶员的眼椭圆的反射光线，反推入射光线。

上述方案所绘光束众多，工作量大，精确度低。

RAMSIS 中"reflection analysis"功能，运算后生成眼点直视仪表屏后反射光线区域，反推入射光线，如图 2-12 所示。

经分析，外部光源不会产生如图 2-12 所示的入射光线，反射光线未与眼椭圆干涉满足使用要求。该轻型客车仪表屏幕不会产生反射造成驾驶员炫目。

图 2-12 仪表炫目入射光区

3 结语

经过对某轻型客车驾驶员座椅调整后的布置方案，采用 RAMSIS 数模系统创建人体，保证人体姿态基本满足 SAE J826 等相关规定要求。并采用 RAMSIS 软件对驾驶姿态舒适性作了分析，对驾驶员人机相关视野法规做校核；结果显示，各主要指标评估与对应法规进行差异化对比，见表 3-1，对比结果基本满足布置要求，最终确定布置方案的可行性。

驾驶员综合人机评估　　　　　　　　　　　　　　表 3-1

项　　目	状　　态	备　　注
人体舒适性	达标	
操纵便利性	达标	手柄前端超出可触边界 44mm

续上表

项　目	状　态	备　注
A柱障碍角	达标	
驾驶员前方视野	达标	
外后视野	达标	
内后视野	不达标	加长后视镜或选用广角后视镜
驾驶员180°前方视野	达标	
仪表反光炫目	达标	

参 考 文 献

[1] 殷明明.上下车过程中人体舒适度分析方法研究[J].佳木斯大学学报,2012(3).

基于 CATIA 的客车转向系统运动校核

赵文闯,李文建,任 鹏,倪晓鹤,张国海

(洛阳广通汽车有限公司,河南 洛阳 471000)

摘 要:大型客车转向系统的转向器一般采用卧式安装结构,受车架空间限制,转向系统设计过程中,运动件的设计需要全面考虑各方面的内容,如实用性、可靠性、轻便性等,一旦运动部件出现运动干涉,就会对以上各性能产生影响,甚至出现转向运动失效,存在极大的安全隐患。因此,为提高整车转向安全可靠性,缩短转向系统开发周期,提高零部件的结构合理性,减少后续设计变更次数,可以采用 CATIA 软件模拟转向运动件运动的极限状态,分析出运动件与周边型材存在干涉或间隙较小的部分,对运动件结构进行优化设计。

关键词:转向垂臂;转向直拉杆;车架;轮胎;CATIA 软件 DMU 模块

0 引言

转向系统一般由转向操纵机构、转向传动机构和液压助力部件组成,转向操纵机构由转向盘、转向管柱、转向传动轴、角转向器、转向伸缩轴和转向器等组成,转向传动机构由转向垂臂、转向直拉杆、转向节臂和转向横拉杆等组成,转向节臂和转向横拉杆一般集成在转向桥上,液压助力部件由转向油罐、电动泵、高压油管和低压油罐等组成,如图 0-1 所示。转向过程中,驾驶员操纵转向盘使转向盘做旋转运动,转向盘驱动转向管柱做旋转运动,转向管柱驱动转向传动轴做旋转运动,转向传动轴旋转运动经角转向器转换方向后,转化为转向伸缩轴的旋转运动,转向伸缩轴与转向器的输入轴连接,转向器将转向传动轴的旋转运动转化为转向垂臂绕转向器输出轴的摆动,转向垂臂带动转向直拉杆作平面运动,转向直拉杆带动转向节臂和车轮轮胎绕主销作圆周运动。因为卧式转向器输出轴轴线垂直于地面,转向垂臂平行于地面摆动,所以在运

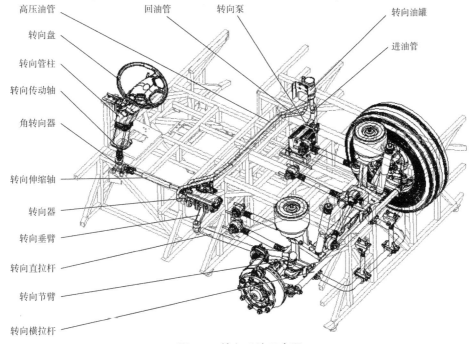

图 0-1 转向系统示意图

动过程中,需要校核转向垂臂与车架是否干涉、转向直拉杆与车架是否干涉、转向直拉杆与轮胎是否干涉等。通过CATIA软件中的DMU模块可以轻松模拟运动件的运动状态,实现转向垂臂和转向直拉杆结构优化设计的目的。

1 转向运动分析模型建立

1.1 模型装配

打开CATIA设计软件,新建一个装配体文件,命名为ZXXT.product,按照图0-1将车架前段、车架前悬段、转向桥、轮胎、前悬架、转向器、转向垂臂、转向直拉杆、转向伸缩轴、角转向器、转向传动轴、转向管柱、转向盘、转向泵、转向油罐等分别插入到装配体中,如图1-1所示。

1.2 运动约束

转向运动时,干涉概率较大的相关零件分别为转向直拉杆与车轮、转向垂臂与车架、转向直拉杆与车架,因此,仅对车架前段、车架前悬段、转向桥、轮胎、转向器、转向垂臂、转向直拉杆等零部件进行运动约束。

进入DMU工作环境,插入一个机械装置,命名为转向系统运动校核,对上述零部件进行约束,如图1-2所示。

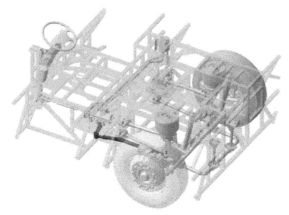

图1-1 转向系统装配图

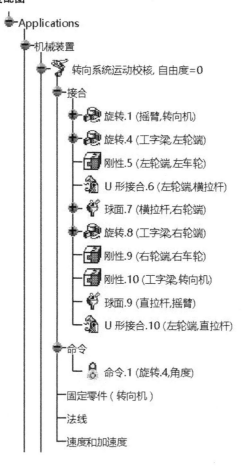

图1-2 转向系统运动校核约束

1.3 运动模拟

按照车轿图纸给定参数设定左车轮绕主销转动的驱动角度为内转角 45°、外转角 35°，如图 1-3 所示。分别建立转向直拉杆与车架、转向直拉杆与车轮和转向垂臂与车架的测量项。

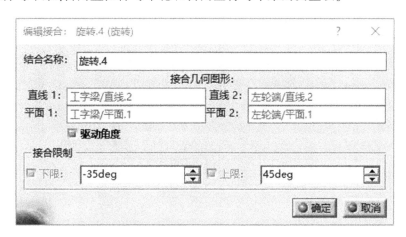

图 1-3 转向系统驱动角度设置

对转向直拉杆与车架的最小间隙值进行测量，在 DMU 工作环境下选择扫掠包络体命令，生成转向直拉杆的包络体文件并插入到装配体中，选择距离与区域分析命令，获取转向直拉杆与车架的最小间隙值为 8.874mm，如图 1-4、图 1-5 所示。

 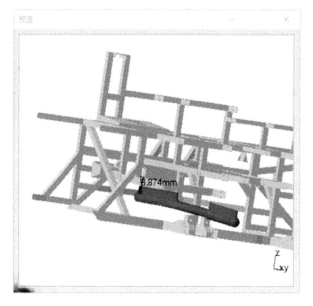

图 1-4 转向直拉杆的包络体　　　　　　　**图 1-5 转向直拉杆与车架最小间隙值**

对转向直拉杆与车轮的最小间隙值进行测量，在 DMU 工作环境下选择转向系统运动校核的运动模拟命令进行运动模拟，确定转向直拉杆与车轮的最小间隙在车轮右转到极限位置处，如图 1-6 所示。在右转极限位置状态下，对转向直拉杆与车轮的间隙值进行测量，最小间隙值为 27.831mm，如图 1-7 所示。

对转向垂臂与车架的最小间隙值进行测量，在 DMU 工作环境下选择扫掠包络体命令生成转向垂臂的包络体文件并插入到装配体中，选择距离与区域分析命令，获取转向垂臂与车架的最小间隙值为 30.2mm，如图 1-8 所示。因为转向垂臂与车架相对位置无变化，所以确定转向垂臂与车架的最小间隙值为 30.2mm。

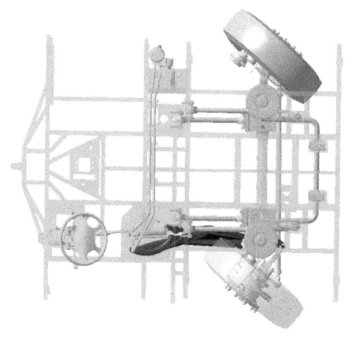

图 1-6 转向系统右转极限位置状态

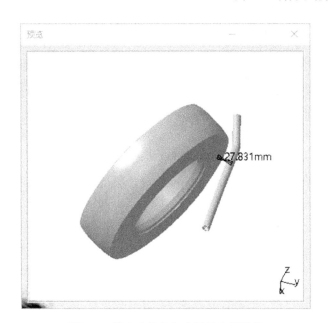

图 1-7 转向直拉杆与车轮最小间隙值

图 1-8 转向垂臂与车架最小间隙值

1.4 转向桥跳动极限状态的转向运动分析

按照第 1.2 条所述操作方法,将转向桥分别设置在上跳极限位置和下跳极限位置,极限跳动尺寸分别为 +80mm 和 -80mm。在 DMU 工作环境下生成转向直拉杆的包络体文件并插入到装配体中,选择距离与区域分析命令,获取转向直拉杆与车架的最小间隙值为 8.785mm,如图 1-9 所示。转向直拉杆销轴与转向垂臂销轴孔安装后,销轴端部与车架相对位置基本不变,因为在车架跳动极限状态下,转向直拉杆与车架最小间隙位置在销轴端部,所以转向直拉杆与车架的最小间隙值为 8.785mm。

在转向桥上跳动极限位置,按照第 1.3 条所述操作方法进行转向运动状态模拟,输出转向直拉杆与车轮的最小间隙值为 30.133mm,如图 1-10、图 1-11 所示。在转向桥下跳动极限位置,按照相同操作方法得出转向直拉杆与车轮的最小间隙值为 30.534mm,如图 1-12 所示。

根据第 1.3 和 1.4 模拟测量,转向直拉杆与车架、转向直拉杆与车轮和转向垂臂与车架的最小间隙值见表 1-1。

图 1-9　转向桥跳动状态下转向直拉杆与车架最小间隙值

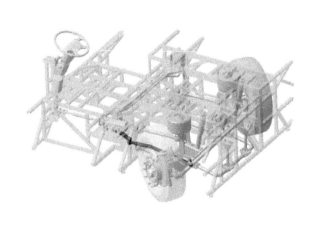

图 1-10　转向桥上跳极限和右转极限位置状态图

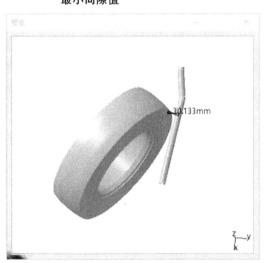

图 1-11　转向桥上跳极限和右转极限位置状态下转向直拉杆与车轮最小间隙值

图 1-12　转向桥下跳极限和右转极限位置状态下转向直拉杆与车轮最小间隙值

运动零部件最小间隙值　　　　　　　　　　　　　表 1-1

序　号	模 拟 项 目	最小间隙值(mm)
1	转向直拉杆与车架	8.785
2	转向直拉杆与轮胎	27.831
3	转向垂臂与车架	30.2

2　运动仿真

根据上述步骤,CATIA 软件在几种转向工况状态下,生成转向直拉杆与车轮、转向直拉杆与车架、转向垂臂与车架的在 3D 数模上的运动仿真。从运动仿真结果可以清晰地看到转向零部件间在各种转向工况下是否存在干涉、存在干涉风险具体部位等。通过对运动状态模拟结果和数据进行分析,设计人员可以对转向系统各运动部件进行优化设计,达到车辆在各种工况下顺利转向的设计目的。

3 结语

转向系统设计时必须考虑各运动部件在不同工况下的运动状态,运动件间不出现运动干涉,同时预留足够的安全间隙,是转向系统设计的基本要求,也是保证客车转向安全可靠的根本保证。熟练运用 CATIA 软件中的 DMU 模块,可以在转向设计时规避运动件在不同工况下的干涉问题,提升客车行驶过程中转向系统的可靠性。

同时,通过 DMU 转向运动分析模拟,也可以对原有转向系统设计状态进行优化,调整各运动部件间的最小间隙值,使零部件的设计更加合理,使转向系统工作更加安全可靠。

参 考 文 献

[1] 王望予.汽车设计[M].北京:机械工业出版社,2006.
[2] 余志生.汽车理论[M].北京:机械工业出版社,2005.
[3] 尤春风.CATIA V5 高级应用[M].北京:清华大学出版社,2006.

立式导向臂结构空气悬架抗纵倾能力影响因素分析

冯春华

(北汽福田汽车北京欧辉客车分公司,北京 100000)

摘 要:立式导向臂结构空气悬架,被广泛应用到大中型客车的前悬架,本文以车辆受制动力状态作为分析基础,推导出立式导向臂结构空气悬架抗纵倾能力的影响因素,并总结出调整各影响因素的方法。

关键词:立式导向臂结构;因素;受力;抗纵倾能力

0 引言

汽车的抗纵倾能力是悬架系统的重要性能之一,空气悬架由于偏频低及导向杆系的多样化,有些汽车在制动时会发生点头现象,即车身前部降低、后部升高,发生这种现象会影响车内乘员的舒适性,在设计中应该采取措施适当减小制动点头的程度,本文以前悬架为立式导向臂结构、后悬架为四连杆结构的车型作为分析基础,从前悬架受力及前、后悬架同时受力两个方面着手,分析推导出立式导向臂结构空气悬架对车辆抗纵倾能力的影响因素,在以后的产品设计过程中可以通过调整这些影响因素的参数,使悬架性能获得最佳匹配。

1 对前悬架进行受力分析

立式导向臂结构空气悬架在车桥上、下跳动时,车桥悬架会绕导向臂与车架的铰接点转动,仅对前悬架进行受力分析时,车辆制动时制动点头的程度取决于前悬架的动行程 Δf,下面结合图1-1受力简图分析影响前悬架动行程 Δf 的因素。

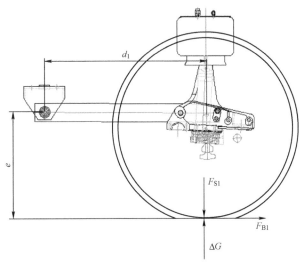

图1-1 制动状态前悬受力图

车辆在制动时,根据图1-1的受力情况可以建立力矩平衡方程:

$$(F_{S1} - \Delta G) \cdot d_1 = F_{B1} \cdot e \qquad (1\text{-}1)$$

$$F_{S1} = C_1 \cdot \Delta f$$

式中：C_1——前悬架的刚度；
　　Δf——悬架动行程；
　　ΔG——汽车制动时前悬架载荷的转移增量；
　　F_{B1}——作用前轮的制动力；
　　d_1——前悬架跳动瞬心到前桥中心的距离；
　　e——前悬架跳动瞬心到地面的距离。

将式(1-1)整理得：

$$f = \frac{F_{B1} \cdot e}{C_1 \cdot d_1} + \frac{\Delta G}{C_1} \tag{1-2}$$

由式(1-2)可知悬架动行程 Δf 的影响因素，要想减小制动时悬架动行程 Δf，可以改变以下变量因素获得调整：

(1) 增大前悬悬刚度 C_1；
(2) 增大前悬架跳动瞬心到前桥中心的距离 d_1，即加长导向臂；
(3) 减小前悬架跳动瞬心到地面的距离 e，即降低导向臂与车架的安装点；
(4) 减小制动时前悬架载荷的转移增量 ΔG。

2　对前、后悬架同时受力进行分析

前、后悬架同时受力时车辆制动时制动点头的程度取决于整车的纵倾角 Θ，本文是在郭孔辉院士"力矩中心"的理论基础上进行应用型论述，其中关于"中性面""力矩中心""纵倾力臂"等概念都是直接引用的，前悬架为立式导向臂结构，瞬心位于导向臂与车架连接的球铰中心点上，后悬架为四连杆结构，因为上、下推力杆平行，瞬心则位于该平行线无穷远处，制动时前、后悬架同时受力情况如图2-1所示。

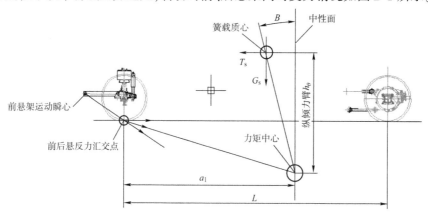

图2-1　制动状态前悬和后悬架受力图

根据"力矩中心"理论建立图2-1受力模型，并推导出中性面位置公式：

$$a_1 = \frac{C_2}{C_1 + C_2} \cdot L \tag{2-1}$$

式中：a_1——中性面到前轴的水平距离；
　　L——轴距；
　　C_1——前悬架垂直刚度(单边)；
　　C_2——后悬架垂直刚度(单边)。

根据力矩中心和纵倾臂的定义，或者当约束反力总力和地面平行，设定约束反力总合力没有垂直分力，则力矩中心就是纵倾中心，纵倾力矩为纯力偶，这时纵倾角刚度计算公式为：

$$C_\phi = 2C_1 \cdot a_1^2 + 2C_2 \cdot (L - a_1)^2 \tag{2-2}$$

式中：C_ϕ——纵倾角刚度；

其余符号意义与式(2-1)相同。

为推导车辆纵倾角，设定纵倾时力矩中心位置不变，制动时簧载质量的重心绕它转动一个纵倾角 Θ，根据图2-1的受力情况建立力矩平衡方程：

$$M_\phi = T_s \cdot h_\phi \cdot \cos\theta + G_s \cdot h_\phi \cdot \sin\theta \tag{2-3}$$

式中：M_ϕ——纵倾力矩；

T_s——传递给簧载质量的制动力之和，即纵向惯性力；

h_ϕ——纵倾力臂；

G_s——车辆簧上质量。

另根据纵倾力矩、纵倾角钢度和纵倾角的关系，则有：

$$M_\phi = \Theta \cdot C_\phi \tag{2-4}$$

又由于纵倾角一般很小，故令 $\sin\theta = \theta$、$\cos\theta = 1$，将式(2-3)和式(2-4)整理后可以推导出：

$$\theta = T_s \cdot \frac{h_\theta}{C_\theta - G_s \cdot h_\theta} \tag{2-5}$$

将式(2-1)、式(2-2)和式(2-5)整理合并后可得：

$$\theta = T_s \cdot \frac{h_\theta}{C_\theta - G_s \cdot h_\theta} = \frac{T_s \cdot h_\theta}{\dfrac{2L^2 C_1 C_2}{C_1 + C_2} - G_s \cdot h_\theta} \tag{2-6}$$

由以上分析可知要减小整车纵倾角 Θ，可以通过改变以下参数：

(1)增大纵倾角刚度 C_θ，即由式(2-5)知可以通过增架悬架垂直刚度 C_1、C_2 来增加 C_θ；

(2)增大车辆轴距 L，即增大车辆轴距，但参数影响车辆轴荷的分布及车辆的转弯半径，慎用；

(3)减小纵倾力臂 h_θ，从图2-1受力图知可以通过降低质心高度、提高力矩中心来减小 h_θ，其中提高力矩中心可能通过对图1-1中 d_1 增大、实现减小前悬架跳动瞬心到地面的距离 e，还可能通过抬高后悬架车架端推力杆的位置来实现。

3 结语

综合上述两种情况的受力分析，总结出影响前悬为立式导向臂结构空气悬架抗纵倾能力的因素及调整该因素的方法如下：

(1)气囊刚度：增大气囊刚度，可提升式导向臂空气悬架抗纵倾能力，但会影响整车的平顺性，不推荐作调整因素。

(2)导向臂长度：增加导向臂长度，可提升立式导向臂空气悬架抗纵倾能力，但会增大前悬架所占空间，可能会影响转向拉杆的布置，不推荐作调整因素。

(3)前悬架跳动瞬心到地面的距离 e：减小前悬架跳动瞬心到地面的距离 e，可提升立式导向臂空气悬架抗纵倾能力，但需校对气囊支座与制动器是否干涉，另外，车架上气囊、减振器和导向臂座的安装点随着该参数的调整而发生变化，故需要校核转向拉杆的运动间隙，在不干涉的情况，推荐作调整因素，使车辆获得最佳抗纵倾能力。

(4)载荷的转移增量 ΔG：减小制动时前悬架载荷的转移增量 ΔG，可提升立式导向臂空气悬架抗纵倾能力，通过整车设计控制。

(5)质心高度：降低质心高度，可提升立式导向臂空气悬架抗纵倾能力，整车开发设计时给予控制。

(6)后悬架车架端推力杆支座的高度：可通过抬高后悬架车架端推力杆的位置，提升立式导向臂空气悬架抗纵倾能力，此因素调整需底盘车架配合设计调整。

(7)轴距 L：即增大车辆轴距，提升立式导向臂空气悬架抗纵倾能力，但参数会影响车辆轴荷分布及车辆的转弯半径。

参 考 文 献

[1] 王望予.汽车设计[M].4版.北京:机械工业出版社,2005.
[2] 刘惟信.汽车设计[M].北京:清华大学出版社,2001.
[3] 余志生.汽车理论[M].3版.北京:机械工业出版社,2000.
[4] 陈耀明.汽车悬架论文集[M].苏州:苏州大学出版社,2012.

柔性模块化客车座椅扶手一体结构设计

倪荣跃,倪晓鹤,韩裕汴

(珠海广通洛阳分公司,洛阳 471000)

摘 要:介绍柔性模块化客车座椅扶手一体结构原理。
关键词:闭环;柔性;模块化

0 引言

传统客车扶手总成、座椅总成互相为独立结构,安装过程需先安装扶手总成,再安装座椅总成;扶手固定三点,即顶盖固定点(顶盖需焊接固定板)、侧围固定点(侧围需焊接固定板)、地板固定点(地板下需焊接固定板),座椅需通过椅脚支架固定在地板上,侧边需通过侧挂支架固定在侧围上;扶手通过测量定位后安装,座椅同样需要测量定位安装,安装固定后前后左右距离不能实现柔性调整;扶手、座椅安装需要在地板上钻孔攻丝,操作过程易伤及地板下面的线束、管路、电池,导致制作工艺复杂,难度较大,安全系数低;地板上固定着座椅、扶手,损伤地板革表面,地板革后期清洁比较困难,地板革后期维护过程,需要拆卸座椅、扶手,操作过程复杂难度大。本柔性模块化客车座椅扶手一体结构,将各扶手总成闭环设计,座椅扶手集成模块化设计,实现座椅、扶手前后左右调整,满足各种车型柔性布置。

1 传统客车扶手总成和座椅总成结构

传统客车扶手固定需要顶盖固定点(顶盖需焊接固定板)、侧围固定点(侧围需焊接固定板)、地板固定点(地板下需焊接固定板),座椅需通过椅脚支架固定在地板上(地板下需焊接固定板),侧边需通过侧挂支架固定在侧围上(侧围需焊接固定板),如图1-1所示。

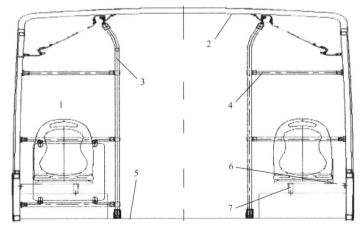

图 1-1 扶手总成和座椅总成结构
1-侧围骨架;2-顶盖骨架;3-扶手立杆;4-横拉杆;5-地板;6-座椅侧挂支架;7-座椅椅脚支架

2 柔性化模块化客车座椅扶手一体结构

柔性化模块化客车座椅扶手一体结构包含前连接弯杆、座椅、顶滑轨、扶手横杆、连接杆、U形弯杆、扶手弯杆、后连接弯杆、侧扶手、侧滑轨等。前端通过前连接弯杆实现两侧扶手闭环设计,后端通过后连接弯杆实现两侧扶手闭环设计,周围通过侧扶手实现外环闭环连接,座椅固定在扶手弯杆上。外侧侧扶手为乘客提供手扶支点,内侧扶手弯杆为乘客提供手扶支点,如图2-1所示。

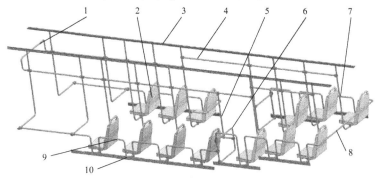

图2-1 座椅扶手一体结构

1-前连接弯杆;2-座椅;3-顶滑轨;4-扶手横杆;5-连接杆;6-U形弯杆;7-扶手弯杆;8-后连接弯杆;9-侧扶手;10-侧滑轨

3 柔性模块化客车座椅扶手一体结构与车架的关系

柔性模块化客车座椅扶手一体结构在车架本体上端悬空设计,通过顶滑轨、侧滑轨固定在车身顶盖骨架、侧围骨架上,如图3-1所示。

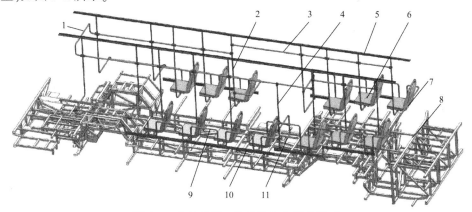

图3-1 座椅扶手一体结构与车架的关系

1-前连接弯杆;2-扶手弯杆;3-扶手横杆;4-连接杆;5-顶滑轨;6-座椅;7-后连接弯杆;8-车架本体;9-侧扶手;10-侧滑轨;11-U形弯杆

4 座椅模块化结构

座椅和扶手弯杆组成一个座椅模块化结构,前后可以通过顶滑轨、侧滑轨实现柔性调整,左右可以通过固定夹实现柔性调整,如图4-1所示。

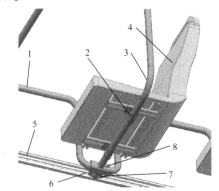

图4-1 座椅模块化结构

1-侧扶手;2-固定夹;3-扶手弯杆;4-座椅;5-侧滑轨;6-滑块;7-固定板;8-四通

5 顶滑轨和侧滑轨结构

柔性模块化客车座椅扶手一体结构在顶盖上安装顶滑轨,座椅模块通过扶手杆端头固定板与顶滑轨的滑块连接安装,实现前后距离柔性调节;柔性模块化客车座椅扶手一体结构在侧围上安装侧滑轨,座椅模块通过扶手杆端头固定板与侧滑轨的滑块连接安装,实现前后距离柔性调节。同时顶滑轨集成了整车氛围灯,侧滑轨集成了整车氛围灯和 USB 功能,如图 5-1、图 5-2 所示。

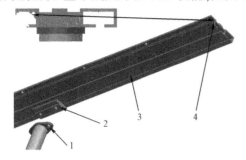
图 5-1 顶滑轨结构
1-固定板;2-滑块;3-顶滑轨;4-灯带卡槽

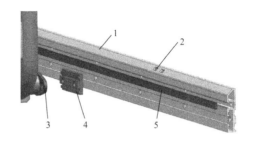
图 5-2 侧滑轨结构
1-侧滑轨;2-充电口;3-固定板;4-滑块;5-装饰灯带

6 柔性模块化客车座椅扶手一体结构解决的技术问题

(1)扶手总成和座椅总成下端全部悬空安装,使地板、地板革不需钻孔攻丝,避免安装时伤及地板下面管路、线束、电池,保证地板革的表面的完整性及后期维护清洁方便,同时地板骨架不需焊接专用固定板、固定槽型件,减轻整车质量,实现轻量化设计。

(2)座椅通过自身的固定夹固定在扶手杆上,不需专门设计座椅椅脚支架、座椅侧挂支架,扶手安装完成后,可以直接安装座椅,不需再次测量座椅位置尺寸,同时通过滑轨实现扶手、座椅前后距离同步调整。

(3)扶手总成结构采用闭环式设计,各扶手杆同时承载力,使扶手安装效果稳定可靠,保证乘客安全。

(4)本结构适用于 ETO 模式客车订单设计,柔性模块化可以快速适用各种车型,提高设计效率及装配效率。

参 考 文 献

[1] 王望予.汽车设计[M].4 版.北京:机械工业出版社,2004.
[2] 陈家瑞.汽车构造[M].2 版.北京:机械工业出版社,2005.
[3] 严正锡.UnigraphicsNX 专业特训教程[M].南正奎,译.北京:人民邮电出版社,2005.

悬架阻尼和刚度对车身垂向运动的影响分析

孟红芹, 徐冬美

(中国公路车辆机械有限公司, 北京 100160)

摘 要: 建立车身单质量系统模型,在简谐路面激励下计算车身位移、速度、加速度振幅关于阻尼和刚度的方程式,利用 MATLAB 进行定量分析,在阻尼和刚度变化时,绘制车身位移、速度、加速度振幅随阻尼和刚度变化的曲线,为提高车辆平顺性提供理论依据和改进方向。

关键词: 平顺性;车身垂向运动;刚度;阻尼

0 引言

在车辆行驶过程中,汽车的悬架、座椅、发动机等部件对车辆平顺性有直接影响,其中悬架系统最为关键[1]。悬架的系统参数主要包括[2]:

(1) 悬架刚度,主要指悬架弹簧刚度;
(2) 减振器阻尼;
(3) 防撞缓冲块的特性;
(4) 簧上质量与非簧上质量之比;
(5) 衬套刚度。

这些参数中,前两个比较容易被控制,是设计者比较关注的。悬架的阻尼和刚度对车辆的行驶舒适性和平顺性有很大影响[3,4]。车辆的垂向位移、速度和加速度很大程度上影响了车辆平顺性[5]。对于空气悬架而言,悬架的阻尼主要由阻尼元件(减振器)决定,刚度主要由弹性元件(空气弹簧,下文简称气囊)决定[6]。客户在车辆平顺性不满意时,常常希望通过更换减振器或者气囊来优化车辆性能。本文就这一需求,简化车辆模型,分析悬架阻尼和刚度对车辆垂向位移、速度、加速度振幅的影响,进一步得到减振器和气囊对这些参数的影响,进而指导实际工作。

1 简化汽车振动系统

将车辆在不平路面上行驶模型简化如图 1-1 所示[7]。

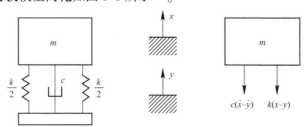

图 1-1 车辆行驶简化模型

为方便运算,将路面激励设为简谐振动,即:

$$y = A\cos wt \tag{1-1}$$

式中: A——激励振幅;
w——激励频率;
t——时间。

根据牛顿第二定律,得到力学方程：

$$m\ddot{x} + c\dot{x} + kx = c\dot{y} + ky \tag{1-2}$$

解微分方程,得车身位移响应的振幅为：

$$X = A\sqrt{\frac{1+\frac{c^2w^2}{k^2}}{\left[1-\left(\frac{mw^2}{k}\right)^2\right]^2+\frac{c^2w^2}{k^2}}} \tag{1-3}$$

车身位移响应为：

$$x = A\sqrt{\frac{1+\frac{c^2w^2}{k^2}}{\left[1-\left(\frac{mw^2}{k}\right)^2\right]^2+\frac{c^2w^2}{k^2}}}\cos(wt-\varphi) \tag{1-4}$$

式中：φ——相位角。

将 x 对时间 t 求一次导和二次导,得到车身的速度和加速度响应,如式(1-5)和式(1-6)：

$$v = -Aw\sqrt{\frac{1+\frac{c^2w^2}{k^2}}{\left[1-\left(\frac{mw^2}{k}\right)^2\right]^2+\frac{c^2w^2}{k^2}}}\sin(wt-\varphi) \tag{1-5}$$

$$acc = -Aw^2\sqrt{\frac{1+\frac{c^2w^2}{k^2}}{\left[1-\left(\frac{mw^2}{k}\right)^2\right]^2+\frac{c^2w^2}{k^2}}}\cos(wt-\varphi) \tag{1-6}$$

在实际工况中,我们比较关注车身的位移、速度、加速度的幅值,式(1-5)和式(1-6)的幅值为

$$V = Aw\sqrt{\frac{1+\frac{c^2w^2}{k^2}}{\left[1-\left(\frac{mw^2}{k}\right)^2\right]^2+\frac{c^2w^2}{k^2}}} \tag{1-7}$$

$$Acc = Aw^2\sqrt{\frac{1+\frac{c^2w^2}{k^2}}{\left[1-\left(\frac{mw^2}{k}\right)^2\right]^2+\frac{c^2w^2}{k^2}}} \tag{1-8}$$

将一系列阻尼 c 和刚度 k 带入式(1-4)、式(1-7)、式(1-8)中,可得到各响应随阻尼和刚度的变化曲线。

2 MATLAB 建模

对以上函数中的参数赋值,并提供一系列变化的阻尼和刚度值,可以观察阻尼和刚度对车身垂向位移、速度和加速度幅值的影响。

以 035CFD3-004 悬架为例,簧载质量为 2800 kg,路面激励振幅 A 为 100mm。

减振器阻尼选取范围为,当 0.52m/s 时,复原阻尼力 $c = 3650 \sim 4460$N,压缩阻尼力 $c = 580 \sim 780$N,为在较大范围内观察阻尼影响,将阻尼范围取 $c = 1000 \sim 10000$N。

根据气囊参数,气囊在承载 1400kg 时,刚度为 161.3N/mm,考虑到气囊为变刚度[8],可将单个气囊刚度范围设为 $k = 50 \sim 200$ N/mm,为在较大范围内观察刚度对车身响应的影响,刚度范围取 $k = 100 \sim 1000$N/mm。

MATLAB 中编写车身响应方程式,如图 2-1 所示。

```
X=A*(1+(c*w/k)^2)^0.5/((1-m*w.^2/k)^2+(c*w./k)^2)^0.5
x0=X*cos(w*t-f);%垂向位移响应
V0=diff(x0,'t');%垂向速度响应
Acc0=diff(x0,'t',2);%垂向加速度响应
V=w*X; %垂向速度响应振幅
Acc=w^2*X;%垂向加速度响应振幅
```

图 2-1 MATLAB 中车身响应函数

其中,c 为阻尼,k 为刚度,A 为路面激励振幅,m 为簧载质量,t 为时间,q 为车身垂向响应相位角,X 为车身垂向位移响应振幅,V 为速度响应振幅,Acc 为加速度响应振幅,w 为路面激励频率(rad/s),与 f 的换算关系 $f=\dfrac{w}{2\pi}$。

根据 $f=nu$,其中 n 为空间频率(m^{-1}),$0.011m^{-1}<n<2.83m^{-1}$[9],该数据与路面不平程度有关,路面越好,数值越大;u 为车速(m/s),客车大部分车速在 10~20m/s。将激励频率选在 $f=0.5~28.3Hz$,可以覆盖悬挂(车身)质量部分的固有频率 1~2 Hz 和车轮质量部分的固有频率 10~15 Hz[10]。本文中,频率选取范围为 0.5~28Hz。我国大部分路面为 A、B、C 级,其中 B、C 比重较大,实际工况中,车辆行驶过程中大部分激励高于 5Hz。

2.1 当刚度不变(不更换气囊),变阻尼在不同路面激励频率下对车身振动的影响

取刚度 $k=322.6$ N/mm,代入激励振幅、簧载质量等参数,得到不同激励下车身响应随阻尼变化的数据,利用 MATLAB 绘图,得到图 2-2~图 2-4,每张图上半部分为 0.5~5.5 Hz 下曲线,便于区分;下半部分为 0.5~28Hz 下曲线,便于在较大范围内观察变化趋势。

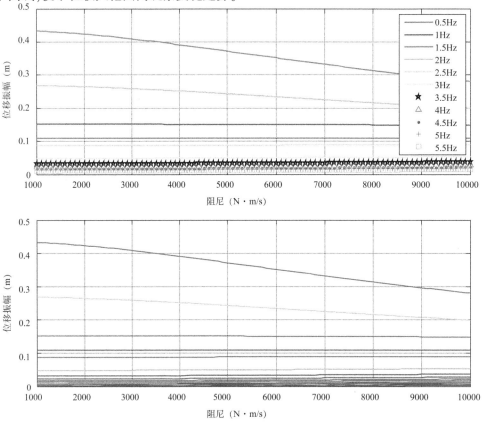

图 2-2 不同频率下位移振幅随阻尼变化曲线

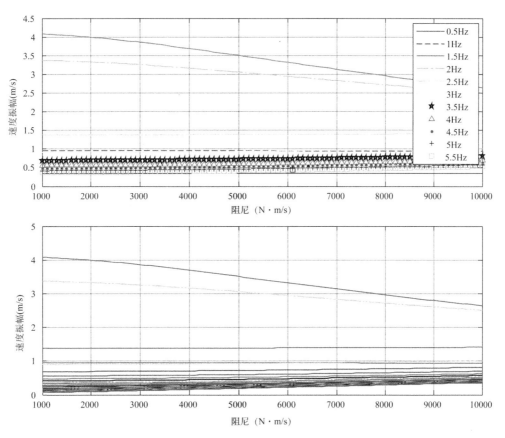

图 2-3 不同频率下速度振幅随阻尼变化曲线

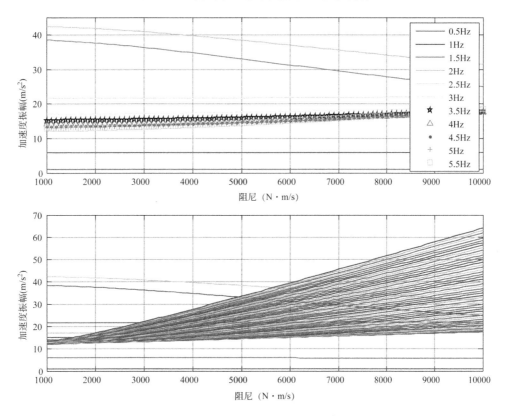

图 2-4 不同频率下加速度振幅随阻尼变化曲线

结合图 2-2～图 2-4,得到结论:

(1) 当 $f < 1$ Hz 时,车身垂向响应随阻尼变化不大;
(2) 当 $1 < f < 2.5$ 时,车身垂向响应随阻尼增大而减小;
(3) 当 $f > 2.5$ Hz 时,车身垂向响应随阻尼增大而增大。

实际工况中,大部分路面激励频率在 5 Hz 以上,车辆在这部分激励频率下行驶时,车身垂向响应随阻尼增大而增大,故较小的阻尼有利于改善车身响应。

2.2 当阻尼不变(不更换减振器),变刚度在不同路面激励频率下对车身振动的影响

取阻尼 $c = 5000$ kN/m,代入激励振幅、簧载质量等参数,得到不同激励下车身响应随刚度变化的数据,利用 MATLAB 绘图,得到图 2-5 ~ 图 2-7,每张图上半部分为 $0.5 \sim 3.5$ Hz 下曲线,便于区分;下半部分为 $0.5 \sim 28$ Hz 下曲线,便于在较大范围内观察变化趋势。

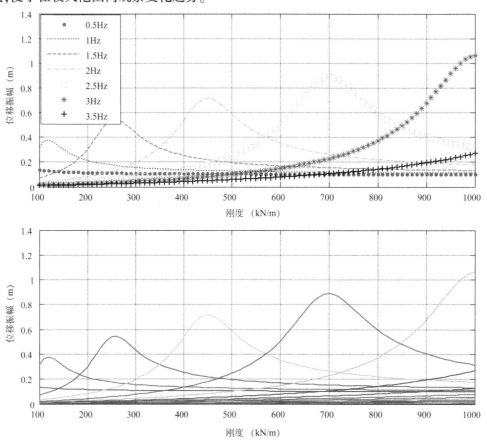

图 2-5 不同频率下位移振幅随刚度变化曲线

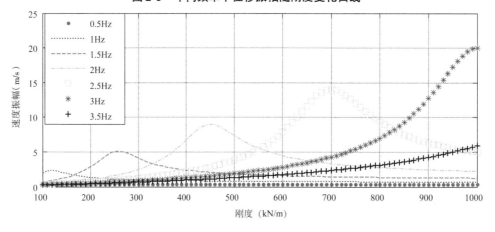

图 2-6

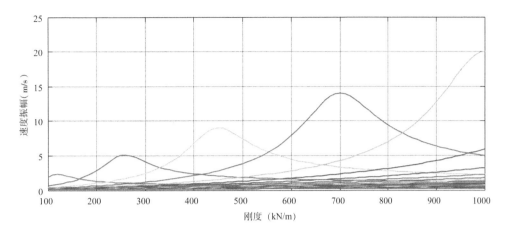

图 2-6　不同频率下速度振幅随刚度变化曲线

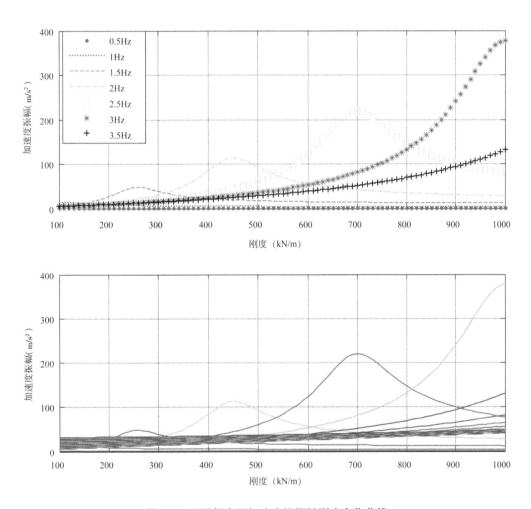

图 2-7　不同频率下加速度振幅随刚度变化曲线

图 2-5～图 2-7 中,曲线波峰处为共振点。根据公式 $f_n = \frac{1}{2\pi}\sqrt{\frac{k}{m}}$,随着悬架刚度的增大,悬架固有频率增大,故共振点会随之增大,因此出现了图中连续的、不断增高的波峰。在波峰之前,随着刚度增大响应增大,波峰之后,随着刚度增大响应减小。

车身部分固有频率一般在 1～2Hz,而车辆行驶过程中,大部分激励频率在 5Hz 以上,故随着刚度的增大,车身响应增强。

3 结论

将参考车辆的参数带入模型,设置变量,利用 MATLAB 绘图,得到以下结论:

(1)在车辆行驶过程中,大部分激励大于 5 Hz,这种工况下,阻尼增大,车身响应增大,故减小减振器阻尼有利于提高车辆平顺性。

(2)在车辆行驶过程中,大部分激励大于 5 Hz,这种工况下,刚度增大,车身响应增大,故减小气囊刚度有利于提高车辆平顺性。

本文中的 035CFD3-004 悬架,客户在分别更换阻尼较小的减振器和刚度较小的气囊之后,均反映平顺性有所提高。结论与实际相符。

4 结语

本文通过简化模型,建立车身单质量模型,设置阻尼和刚度变量,计算车身响应基于变量的表达式,代入实际车型参数,利用 MATLAB 进行定量分析并绘图,观察车身响应的变化趋势,得到结论:在合理范围内,使用较小阻尼的减振器和较小刚度的气囊均有利于提高车辆平顺性。

本文通过关注关键参数,简化模型并进行定量分析,为改善车辆性能提供了理论依据,明确改进方向,提高了工作的效率和质量。另外,本文的建模和定量分析方法,也可应用到其他类似项目中,进而提高工作效率,加快项目进度。

参 考 文 献

[1] Akcay H,Turkay S. Influence of tire damping on mixed H-2/H-infinity synthesis of half car active suspensions [J]. Journal of sound and vibration,2009,332(1):15-28.
[2] 叶东.车辆悬架系统及整车平顺性研究[D].陕西:陕西科技大学,2017.
[3] 张振华,董明明.2 自由度车辆悬架线性模型最佳阻尼系数的解析分析[J].北京理工大学学报,2008,28(12):78-82.
[4] 毕凤荣,郝志勇,谢庆森,等.汽车悬架系统非线性阻尼的优化设计[J].天津大学学报,2002,35(1):78-82.
[5] 孙建成.车辆行驶平顺性和预测及研究[J].汽车研究与开发,1998(1):28-32.
[6] 于盛.汽车被动悬架的平顺性分析与优化设计[D].湖南:湖南大学,2014.
[7] 李晓雷,俞德孚,孙逢春.机械振动基础[M].北京:北京理工大学出版社,2005.
[8] 彭莫,刁增祥,党潇正.汽车悬架构件的设计计算[M].北京:机械工程出版社,2016.
[9] 中华人民共和国国家标准.车辆振动输入—路面平度表示方法:GB 7031—1987[S].北京:中国标准出版社,1987.
[10] 余志生.汽车理论[M].北京:机械工业出版社,2006.
[11] 王望予.悬架设计[M].北京:机械工业出版社,2007.

一种新能源纯电动公交客车双排桁架后悬车架设计

徐建威，袁良明

(成都广通汽车有限公司，成都 610000)

摘 要：为缓解能源短缺与环境污染问题，新能源纯电动客车已成为当今城市公共交通的一个重要发展方向。当前新能源纯电动公交客车一般为城市运行，多为一级踏步，为保证车辆站立面积，尽量将电池布置在中门起台后方，造成后桥处质量比较集中，且公交车运行特点就是频繁起动、到站制动，对后悬骨架强度有特殊要求。传统的后悬骨架为左右对称槽型大梁式的后悬架结构，采用气簧结构的车辆，因悬架性能决定使用横向推力杆，造成推力杆处支架受力比较复杂且集中，大梁容易开裂，影响整车骨架寿命，增加车身质量，采用双排桁架能有效解决车架寿命短问题，提升了整车运行的可靠性。

关键词：后悬段纵梁；横向推力杆支架；减振器支座总成

0 引言

客车作为当前城市公共交通的主要工具，为人们日常出行活动提供了舒适与便捷的服务。然而，传统燃油客车排放的尾气造成了环境的污染，引起了温室效应和全球变暖，并加剧了对不可再生石油资源的依赖。

新能源客车作为一种零排放车辆，可高效地抑制环境污染问题。目前，清洁、高效和可持续的新能源电动客车技术已成为世界各国客车行业发展的主要方向。而特殊的电池储能形式相对于传统车油箱储能形式，势必会对车架造成应力集中。

本文设计优化一种新能源公交客车用后悬结构，与其传统大梁车架对比，在进行结构优化调整以后，可以使得车架在整车公交工况驱动下拥有良好的可靠性。

1 传统大梁车架仿真模型与参数

根据对一种新能源公交客车的整车布置匹配需要将电池等质量重的三电总成安装在车身后部，如图1-1所示。

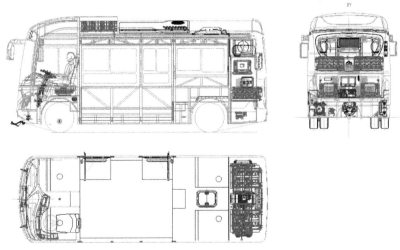

图1-1 三电总成安装在车身后部

结合车辆舒适性与成本控制,选择气簧结构后悬,如图 1-2 所示。

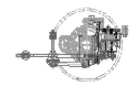
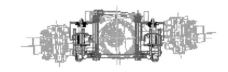
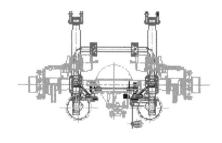

图 1-2 气簧结构后悬

悬架的基本性能参数见表 1-1。

悬架的基本性能参数　　　　　　　　　　　　　　　　　　　　　　　表 1-1

参　数	数　值	参　数	数　值
载荷(kg)	6500	向下(mm)	80
板托距(mm)	860	气囊安装高度(mm)	258
车桥行程(mm)	152	减振器安装长度(mm)	434
向上(mm)	72(铁碰铁)		

装配调整参数见表 1-2。

装配调整参数　　　　　　　　　　　　　　　　　　　　　　　　　表 1-2

参　数	数　值	参　数	数　值
轴距误差(mm)	±5	前轴中心与车架中心线偏移量(mm)	≤5
左右轴距误差(mm)	≤5	气囊安装高度(mm)	253±5
前轴中心线偏斜(俯视)(mm)	≤5	轮胎型号	225/70R19.5
车架上平面高差(mm)	≤5		

根据悬架设计传统车后悬车架,如图 1-3 所示。

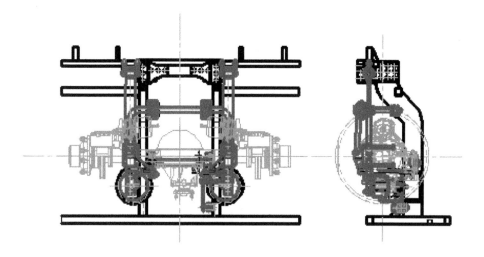

图 1-3 设计后悬车架

2 仿真结果

2.1 分析模型建立

2.1.1 网格模型描述

底盘后悬段骨架模型如图2-1所示,包含管梁、连接板等焊接件。并根据图纸建立实物改进后的仿真模型,如图2-2所示。有限元仿真模型中的管梁、连接板采用PSHELL单元模拟,基本尺寸为10mm,传力杆连接支座采用PSOLID单元模拟,零部件连接处采用共节点及rigid形式连接。分别对改进前后的模型进行有限元划分,改进前有限元模型单元数为82266个,节点数为61995个;实物改进后有限元模型单元数为91735个,节点数为71390个。

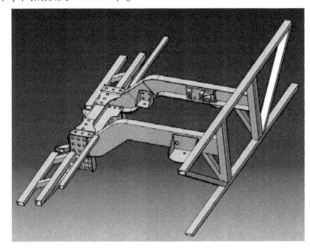
图2-1 底盘后悬段骨架模型

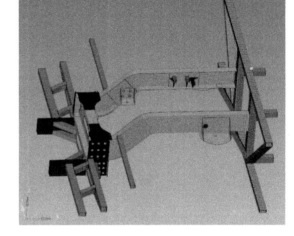
图2-2 改进后的仿真模型

底盘后悬段骨架为钢结构,其材料及相关参数见表2-1。

底盘后悬段骨架材料及相关参数表　　　　表2-1

材　料	杨氏模量E(MPa)	泊松比	密度(t/mm³)	屈服强度(MPa)	抗拉强度(MPa)
T700	210000	0.3	7.85E-09	620(以上)	700
B510L	210000	0.3	7.85E-09	355(以上)	510~630
Q235B	210000	0.3	7.85E-09	235	390

2.1.2 底盘后悬段骨架受力情况

根据设计底盘受力情况,底盘后悬段骨架主要受力包括:后悬承载6100kg,横向推力杆极限受力为29000N,受力情况如图2-3所示。对车辆的具体使用工况进行分析,车辆行驶中弯路和上下坡路面比较多,易出现左右轮悬空工况,对车辆底盘骨架冲击最大。因此,将左右轮悬空工况定义为骨架的极限工况。此时后悬段骨架承受扭转力,悬空一侧的受力方向与承载力相反,受力情况如图2-4所示(绿色表示左悬空工况时的受力,蓝色表示右悬空工况时的受力)。

2.2 强度分析

对后悬段骨架施加载荷与约束,极限工况时有一侧车轮悬空,骨架在承受悬架力、横向推力杆力的同时,承受扭转力。采用惯性释放的方法,对模型进行受力分析。

左轮悬空时应力云图如图2-5所示,应力较大部位放大图如图2-6所示。根据应力云图可知,左轮悬空时,三处应力较大部位(Ⅰ/Ⅱ/Ⅲ)应力分别为550.693MPa、1004.9MPa、1083.7MPa。

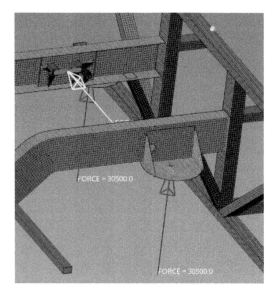
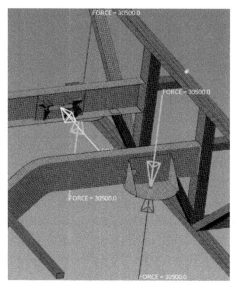

图 2-3　横向推力杆受力情况　　　　图 2-4　左右轮悬空工况受力情况

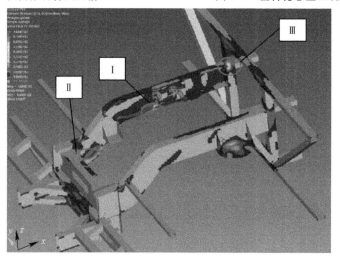

图 2-5　左轮悬空骨架应力云图

  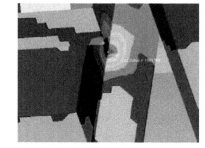

图 2-6　局部放大图 Ⅰ/Ⅱ/Ⅲ

部位（Ⅰ）处为右侧大梁底部，材料为 B510L，材料的屈服强度为 355MPa。在车辆运行时该部位承受悬架气囊以及横向推力杆传递过来的冲击载荷，根据静力学分析，承受动载荷的零部件的安全系数为 2。该部位的应力值乘以 2 倍的安全系数远远大于材料的屈服强度，出现断裂风险高。部位（Ⅱ）为右侧大梁加强板，使用的材料为 B510L。部位（Ⅲ）为底盘矩形管骨架，使用的材料为 T700。该两处部位有明显的应力集中现象，应力均超过材料的屈服强度，均为断裂风险高部位。

右轮悬空时的应力云图如图 2-7 所示，应力较大部位放大图如图 2-8 所示。根据应力云图可知，左轮悬空时，三处应力较大处（Ⅳ/Ⅴ/Ⅵ）应力分别为 551.97MPa、785.06MPa、700.7MPa。

部位（Ⅳ）为右侧大梁上部，材料及受力情况与部位（Ⅰ）相同。该部位的应力值乘以 2 倍的安全系数远远大于材料的屈服强度,出现断裂风险高。

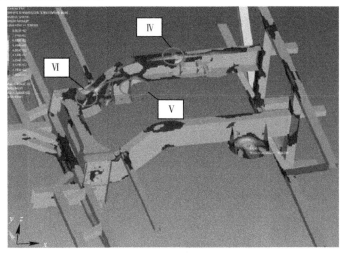

图 2-7 右轮悬空骨架应力云图

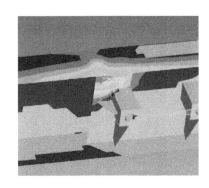 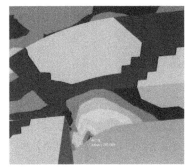 

图 2-8 局部放大图(Ⅳ/Ⅴ/Ⅵ)

部位(Ⅴ/Ⅵ)材料为 B510L,在右侧大梁拐角处,且该两处均为大梁与加强板连接处附近,应力集中现象明显,应力值均超过材料的屈服强度,为断裂风险高部位。

通过对底盘状态后悬段骨架进行仿真分析,得出结论,在极限工况时应力过大会导致其断裂。

3 双排桁架车架仿真模型与参数

根据悬架设计双排桁架结构悬架,如图 3-1 所示。

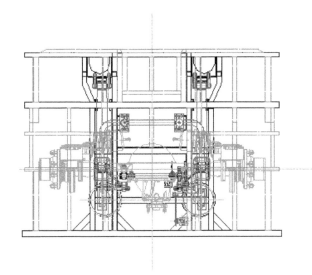 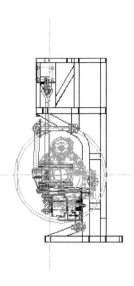

图 3-1 双排桁架结构悬架

4 仿真结果

4.1 分析模型建立

建立桁架后悬模型(图4-1),管梁采用壳单元模拟,焊缝采用RBE2模拟(图4-2)。

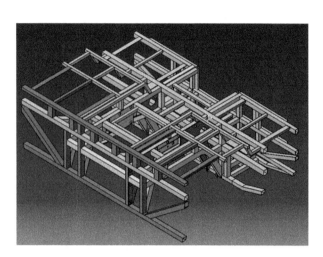

图4-1 建立桁架后悬模型

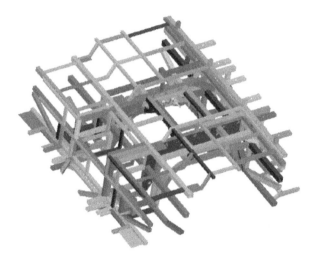

图4-2 管梁采用壳单元模拟

底盘后悬段骨架为钢结构,其材料及相关参数见表4-1。

底盘后悬段骨架材料及相关参数　　　　　表4-1

材料	杨氏模量E(MPa)	泊松比	密度(t/mm³)	屈服强度(MPa)	抗拉强度(MPa)
T700	210000	0.3	7.85E−09	620(以上)	700

4.2 底盘后悬段骨架受力情况

约束:约束车架截断处自由度123456(图4-3);载荷:根据动力学提载施加。

工况及工况描述见表4-2。

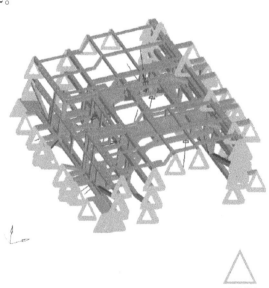

图4-3 车架截断处自由度

工况及工况描述　　　　　　　　　　　表4-2

工况	工况描述	
工况一	静载	$Z=-1G$
工况二	垂直冲击	$Z=-3G$
工况三	制动	$X=-0.7G,Z=-1G$
工况四	倒车制动	$X=0.7G,Z=-1G$
工况五	扭转	左侧$Z=1G$,右侧$Z=3G$
工况六	转向	$Y=-0.4G,Z=-1G$

(1)工况一(静载)强度分析结果如图4-4所示。

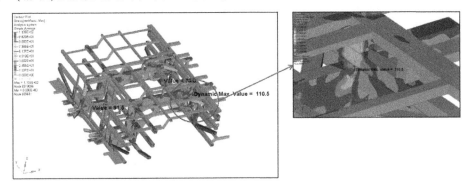

图4-4　工况一(静载)强度分析

最大应力为110.5MPa,位置在过道上层纵梁。

(2)工况二(垂直冲击)强度分析结果如图4-5所示。

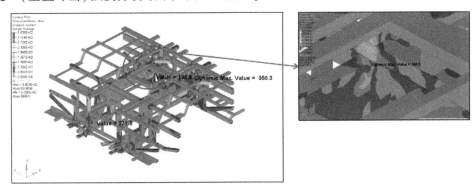

图4-5　工况二(垂直冲击)强度分析

最大应力为350.3MPa,位置在过道上层纵梁。

(3)工况三(制动)强度分析结果如图4-6所示。

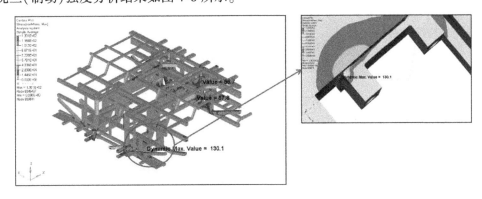

图4-6　工况三(制动)强度分析

最大应力为130.1MPa,位置在板簧前安装支架。

(4)工况四(倒车制动)强度分析结果如图4-7所示。

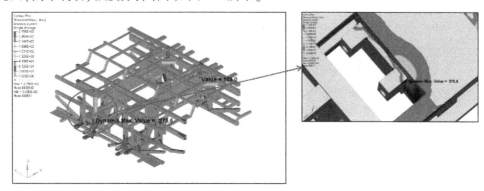

图4-7 工况四(倒车制动)强度分析

最大应力为275.6MPa,位置在板簧前安装支架。

(5)工况五(扭转)强度分析结果如图4-8所示。

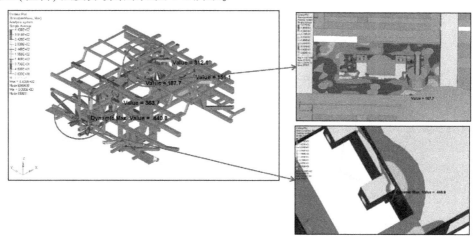

图4-8 工况五(扭转)强度分析

最大应力为440.8MPa,位置在板簧前安装支架。

横向推力杆周边,最大应力为167.7MPa。

(6)工况六(转向)强度分析结果如图4-9所示。

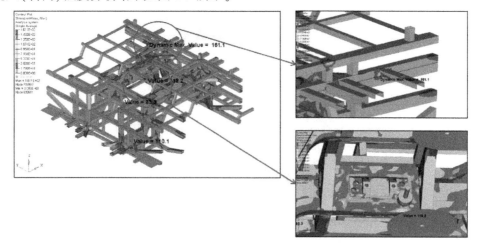

图4-9 工况六(转向)强度分析

最大应力为161.1MPa,位置在过道上层纵梁。

横向推力杆周边,最大应力为118.2MPa。

强度分析结果见表4-3。

强度分析结果　　　　　　　　　　　表4-3

工况	位置	材料	屈服强度(MPa)	最大应力(MPa)	安全系数	建议目标值
工况一	过道上层纵梁	T700	620	110.5	5.6	≥2
工况二	过道上层纵梁			350.3	1.8	
工况三	板簧前安装支架			130.1	4.8	≥1.3
工况四	板簧前安装支架			275.6	2.2	
工况五	板簧前安装支架			440.8	1.4	
	横向推力杆周边			167.7	3.7	
工况六	过道上层纵梁			161.1	3.8	
	横向推力杆周边			118.2	5.2	

通过强度分析,在各工况下,后悬安装点附近车架最大应力均低于材料屈服强度,满足安全系数要求。

5 结语

本文以新能源公交客车后悬车架优化为主要研究内容,通过优化车架的结构,对悬架及周边固定支架等进行了优化调整,根据仿真结果,优化后的车架更适合新能源公交客车的运营工况,同时降低整车车架质量,优化后方案可以降低整车能耗,同配电量车型可以增加整车续驶里程,同步可以延长车辆车架使用周期,减少新能源公交客车的运营成本,达到节能、高效、环保的目的。

转向管柱万向节锁紧机构松脱的故障分析及解决措施研究

秦宬,王秋芳,盛君,王洪军

(比亚迪汽车工业有限公司,深圳 518118)

摘　要:万向节作为连接转向管柱与转向器或角传动器的关键零件,万向节是否有效锁紧直接影响行车安全。本文通过分析转向管柱与万向节装配关系、万向节选型及螺栓装配,确定市场某车型转向节松脱主要原因为其螺栓未按要求力矩紧固。并就防止万向节锁紧失效提出转向管柱输出轴与万向节合理装配、选用适合螺母防松的建议,在车辆设计工作中转向管柱万向节选型及装配工艺方面具有一定参考意义。

关键词:万向节;锁紧;力矩

0 引言

转向管柱及万向节总成是转向装置的主要构件之一,转向管柱及万向节总成直接与转向盘相连,其功能为将驾驶员作用于转向盘的转向力矩传递给转向器,经过动力转向器的力矩放大作用,从而使轮胎按照驾驶员的意志实现转向。

万向节作为连接转向管柱与转向器或角传动器的关键零件,万向节是否有效锁紧直接影响行车安全,本文主要对万向节锁紧机构进行研究,分析市场某车辆万向节松脱的原因,并提出了一些防止万向节锁紧失效的措施。

1 结构介绍

万向节总成两端分别由两个十字轴万向节叉组成,如图1-1所示。其中输入轴通过万向节叉连接管柱输出端,实现万向节传动轴的扭矩输入;输出轴通过万向节叉连接角传动器输入端或者转向器输入端,实现传动轴扭矩输出传递。

万向节通过花键配合、螺栓与螺纹/螺母锁紧实现与其他零部件的连接,如图1-2所示。

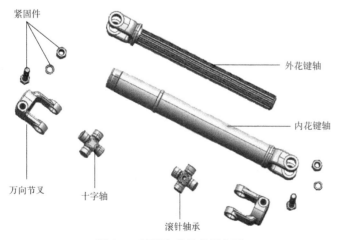

图1-1　某万向节总成拆分图

图1-2　某车型万向节示意图

2 锁紧机构失效分析

以市场某车辆出现万向节总成从管柱输出轴端松脱为例,从装配、万向节选型等方面分析锁紧机构失效原因。

2.1 万向节与转向管柱装配分析

不同厂家管柱输出轴结构存在差异,部分输出轴有开槽设计(图2-1),有的则无,故障车辆转向管柱输出端为有开槽设计。

图2-1 故障车辆转向管柱输出端实物图

万向节与转向管柱连接螺栓应按规定力矩拧紧,由于一些人为因素,可能存在车辆装配时此处螺栓未按规定力矩拧紧的情况。万向节缺口是否对齐管柱轴开槽,其区别在于花键有效配合区域的大小。

为验证万向节缺口与输出轴开槽是否对齐(装配关系见图2-2)、是否按要求力矩紧固,对万向节锁紧的影响,做以下4组对比试验,标为试验1、2、3、4,试验变量及结果见表2-1,试验数据截图如图2-3所示。

a) 万向节缺口不与管柱开槽对齐　　　　　b) 对齐装配

图2-2 转向管柱轴与万向节安装图示

万向节缺口与管柱轴槽是否对齐拉脱力对比　　表2-1

试 验	是否按规定力矩紧固	万向节缺口是否对齐管柱轴槽	拉脱力(N)
1	否	是	4200
2	否	否	12740
3	是	是	13600
4	是	否	28339

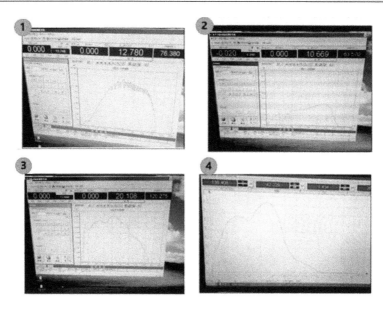

图 2-3 试验数据截图

由试验结果可知,当螺栓拧紧且不对齐万向节槽,拉脱力最大(28339N);不拧紧螺栓且不对准开槽(12740N)和拧紧螺栓且对准开槽(13600N)结果相当;不拧紧且对准时拉脱力最小(4200N)。

转向管柱正常工况使用时,管柱上下及前后调节力试验最大值为95N,(检测报告见图2-4),远小于表2-1中试验结果,因此是否有开槽、万向节缺口是否对齐管柱开槽对于故障车辆管柱万向节松脱来说,并非主要原因。

图 2-4 转向管柱调节力检测报告截图

2.2 万向节选型及螺栓装配分析

万向节与管柱轴主要通过花键配合、螺栓与螺纹或螺母配合达到锁紧目的。

2.2.1 花键配合检查

故障车辆管柱输出轴花键直齿滚花 1×79，大径为 25.6mm，小径为 24.4mm；万向节端花键直齿滚花 1×79，大径为 25.75mm，小径为 24.7mm，二者花键配合合理。

根据尺寸，不考虑公差，未拧紧状态万向节总成与管柱轴间隙在 0.505mm，咬合 0.995。考虑公差，咬合范围在 0.615～1.265。实物测试只要螺栓没有完全脱出万向节，则万向节不会脱出管柱，此原因可排除。

2.2.2 紧固件选型及装配检查

万向节与管柱轴除了花键配合，还主要依靠螺栓与螺纹或螺栓与螺母锁紧实现装配（装配示意见图 2-5），故障车辆采用螺栓螺母配合方式锁紧。

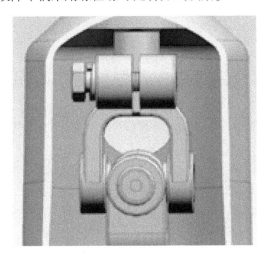
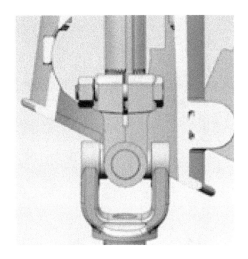

图 2-5　转向管柱输出轴与万向节装配示意图

从失效零件图片可以看出管柱输出轴有一定磨损，螺栓也存在擦伤损坏（图 2-6）。

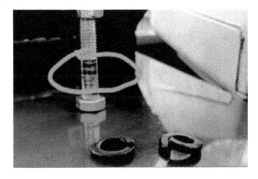

图 2-6　管柱输出轴及螺栓磨损实物图

实物测试，当管柱轴缺口及万向节缺口对齐安装且螺栓不拧紧时，万向节不会脱出。但当螺栓螺母未拧紧时，管柱轴花键与万向节总成间存在间隙，且管柱开槽处，管柱与万向节咬合量相对其他地方较小，则相较周圈其他地方，此处因磨损管柱轴而导致万向节脱出更加容易。在车辆运营过程中，管柱轴花键与螺栓不断摩擦，螺栓与螺母产生相对转动，最终导致螺母松脱，螺栓锁紧失效，致使万向节脱出。

综上，该车辆导致万向节与管柱锁紧失效主要原因是螺栓未按要求力矩紧固，其次装配时万向节缺口与转向管柱输出轴开槽对齐也是锁紧失效的原因之一。

3 防失效措施

（1）由 2.1 节万向节与转向管柱装配分析中四组对照试验结果可知，转向管柱输出轴有开槽结构时，万向节缺口若对齐开槽,其拉脱力远小于不对齐时的力,万向节相比更容易松脱;而不拧紧螺栓且不对准开槽和拧紧螺栓且对准开槽时拉脱力几乎相当。故针对转向管柱输出轴端有开槽结构的车型,需作出明确书面规范:万向节开槽需与管柱轴开槽背面对齐(示例见图3-1)。此措施能保证即使转向管柱与万向节螺栓未按要求力矩紧固,但因万向节花键与转向管柱输出轴有较大配合区域,只要螺栓不完全脱出,万向节便不会松脱。

(2)分析2.1节万向节与转向管柱装配分析中是否拧紧力矩对万向节拉脱力的影响数据,万向节缺口与转向管柱输出轴开槽对齐且螺栓未按规定力矩锁紧,其拉脱力比按力矩紧固小9400N,万向节缺口不与转向管柱输出轴开槽对齐且螺栓未按规定力矩锁紧,其拉脱力比按力矩紧固小15559N。再综合导致市场某车辆万向节松脱主要原因来看,螺栓是否按规定力矩拧紧,对万向节与管柱是否能有效锁紧起着关键作用。需对万向节与转向器或角传动器、转向管柱安装力矩作出明确规定,装配工人严格按此要求操作,如图3-2所示。

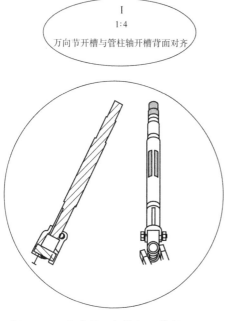

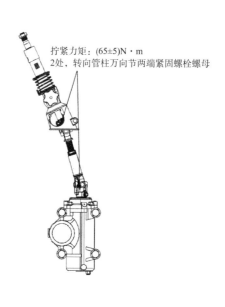

图3-1 万向节缺口与管柱开槽装配示图　　　　图3-2 某车型万向节总成装配指导图

(3)为防止万向节因螺栓螺母紧固力矩衰减,导致锁紧失效,将普通螺母更换为自锁螺母(图3-3),能有效防松,市场上部分车型也是采用此类结构(图3-4)。

图3-3 万向节锁紧螺母采用自锁螺母图示　　　　图3-4 市场某型货车万向节与转向器输入轴安装图示

综上,防止转向管柱万向节锁紧失效有以下方案:

(1)针对转向管柱输出轴有开槽结构的,万向节缺口需与开槽错开装配,增加花键有效配合区域。

(2)严格把控万向节装配流程,确保螺母按要求力矩紧固。

(3)万向节安装螺母更换为自锁螺母,有效防松。

4 结语

本文通过市场某车型万向节松脱的原因进行多维度分析,得出影响转向管柱万向节锁紧有以下因素:转向管柱轴与万向节相对装配关系、万向节花键与转向管柱花键参数匹配、万向节螺栓是否按规定力矩拧紧、万向节安装紧固件选型。

此次分析得出转向管柱输出轴与万向节缺口不对齐时,万向节拉脱力远大于对齐时拉脱力的结论,并提出针对转向管柱有开槽结构的车型,必须有明确书面指导:万向节开槽需与管柱轴开槽背面对齐,这能有效降低万向节脱出的概率,增强转向系统运行可靠性。

参 考 文 献

[1] 余志生.汽车理论[M].5版.北京:机械工业出版社,2009.

[2] 陈家瑞.汽车构造[M].3版.北京:机械工业出版社,2000.

客车电气与车身附件

电动客车发动机模拟器辐射超标机理分析与整改

王洪军,马爱国,武云龙,白梦阳

(比亚迪汽车工业有限公司,深圳 518118)

摘 要:发动机模拟器是在电动汽车低速行驶时发出模拟燃油车发动机声音的一种提示行人的保护装置。市场上某型电动客车发动机模拟器在整车电磁兼容测试时宽带辐射出现超标,不能通过 ECE R10.05 标准。针对发动机模拟器辐射超标问题,本文从其工作原理出发,对电磁辐射超标机理进行剖析。通过示波器的时域测试、频谱仪的频域测试,结合电路原理图、PCB Layout 超标风险点分析,从不同角度研究辐射超标的机理和整改方法,并在台架验证后给出最优整改建议。希望通过本文能够对电子产品辐射超标的机理和整改方法有一个清晰的理解。

关键词:辐射;宽带;发动机模拟器;电磁兼容

0 引言

电动汽车有着加速性能好、低污染和低噪声的优点,受到大家的广泛认可。而电动汽车在低速行驶时,发出的噪声非常小,这对车辆周围的行人存在很大的安全隐患。为了警示行人,电动汽车上一般会装有发动机模拟器,在低速行驶时会发出模拟燃油发动机的声音去提醒周围行人。本文以市场上某型电动客车上发动机模拟器辐射超标为载体,分析其超标的机理,提出了整改措施,并对整改措施进行充分验证。

1 发动机模拟器辐射超标问题描述

1.1 工作原理拓扑

发动机模拟器由 CAN 接收模块、MCU、功率放大器模块、开关电源模块等部分组成,其原理如图 1-1 所示。

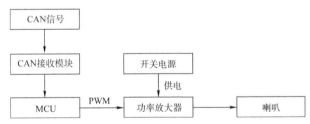

图 1-1 发动机模拟器原理图

发动机模拟器 MCU(微处理器)模块通过 CAN 线接收到车辆速度和挡位信息,处理后向功率放大器发出 PWM 音频信号,功率放大器把音频信号放大传给喇叭。最后喇叭作出响应。其中开关电源的作用是将 DC28V 电源转换成 DC5V,供给各模块使用。

1.2 辐射超标描述

在欧标 ECE R10.5 整车 EMC 认证中,车辆在宽带辐射测试时左侧水平极化 142MHz 准峰值超标 4.135dB,如图 1-2 所示,其中峰值(PK)限值 56.196dB,测量值为 42.557dB,裕量 +13.640dB;准峰值(QP)限值 36.496dB,测量值为 40.331dB,裕量 -4.135dB。经现场排查出是发动机模拟器导致的。

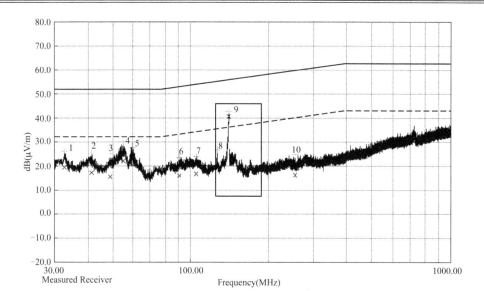

图 1-2　整车宽带水平极化辐射超标曲线

2　辐射超标原因分析

2.1　干扰源排查

2.1.1　超标信号分析

图 2-1 所示为该超标发动机模拟器内部 PCB 板,经过观察可以发现红色区域存在一个开关电源模块,主要作用是将整车 DC28V 电源降压至 DC5V,供功放、MCU 等模块使用。开关电源模块常会产生较强的 di/dt 和 du/dt,很容易产生 EMI 干扰[1]。常呈现为较宽(例如,大于 10MHz)的频带骚扰,是典型的宽带骚扰。紫色框为一个 8MHz 的晶振,主要为 MCU(控制单元)提供振荡信号。晶振也是 EMI 骚扰的源头之一,一般呈现出较为窄(例如小于 100kHz)的频带骚扰[2]。

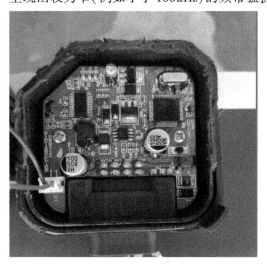

图 2-1　发动机模拟器 PCB 布局

关于窄带、宽带骚扰信号,在不同的标准中的定义可能不尽相同。但在 EMC 整改时能够清楚识别和区分窄带、宽带骚扰信号,会对整改带来极大的便利。

(1)窄带骚扰一般也称为时钟噪声信号,图 2-2 所示是一幅较为典型的辐射频谱图,既有宽带骚扰信号又有窄带骚扰信号。其中红色框属于单根的时钟信号,它的频谱带宽比较窄,一般为 kHz 单位级数,看上去比较尖锐,产生这种信号的主要原因是在于时钟等数字处理芯片本身,也可能是因为无展频,使所有的能量都集中在一个点上或很小一段频段上,所以表现出来的能量就较高。

(2)宽带骚扰,图 2-2 所示黑色框为宽带骚扰信号示例,它的频带宽度典型为 MHz 单位级数,产生这种骚扰的主要原因是电源的走线或搭铁有问题,或者是由数字功放、PWM、DC-DC 等功率器件的电源部分引起的。

结合整车超标测试报告可以看出 142MHz 超标点呈现为一个包络形状,带宽在 10MHz 左右。根据经验该包络属于宽带骚扰信号。再结合发动机模拟器的架构和 PCB 板布局,初步判断骚扰源是该开关电源模块导致的骚扰。

2.1.2　开关电源电路分析

该发动机模拟器开关电源是典型的 Buck 降压开关电路,具有高转换效率、体积小、发热小等特点,非常适合这种对体积和成本有要求的电子产品[3]。图2-3和图2-4所示为该开关电源电路的原理图（由于是外部供应商，只能提供部分电路）。

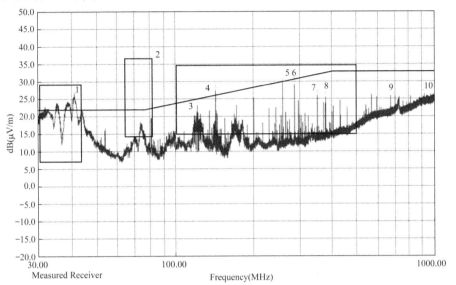

图2-2　宽窄带信号频谱示例

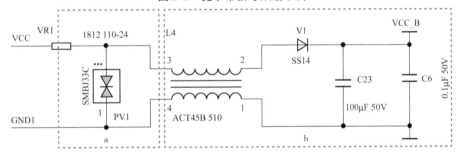

图2-3　发动机模拟器电源输入端电路（与图2-1黄色区域对应）

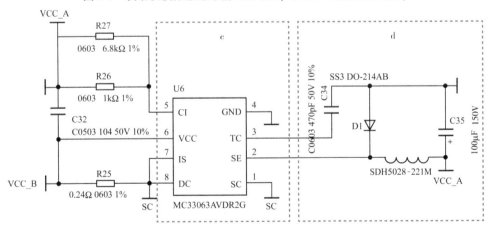

图2-4　开关电源芯片电路

图2-3所示为车上28V电源的输入电路，可分为防雷电路、滤波电路。图2-4所示为开关电路，可分为PWM发生模块和降压电路等。

(1)防雷电路：有一个SMBJ33C瞬态抑制二极管和一个J110自恢复保险组成，瞬态抑制二极管可将输入有效电压钳位至77.4V，自恢复保险将电压限制在1.1A以下。该电路设计具有较好的浪涌和快速脉冲抵抗能力。

(2)输入滤波/反向保护电路：主回路中串入SS14二极管(D1)防止反接烧毁主电路；由共模电感ATC45B(L4)、电容C23和C6构成滤波电路。共模电感感量为51μH，主要滤除共模噪声；铝电解电容C23

容值为 100μF 主要作用是低频滤波;陶瓷电容 C6 容值 0.1μF 主要作用是高频滤波。

(3) PWM 发生模块:由 MC33063AVDR2G 芯片构成 PWM 产生模块,其具体作用为输出定占空比的供电电压。由输入 28V、输出 5V,可得此 PWM 波的占空比为 5/28 = 17.9%。

(4) 降压电路模块:此部分为电路核心模块。当 PWM 电压处于高电平时,对 L1 储能电感和 C35 充电,并为负载供电;当 PWM 电压处于低电平时,二极管 D1 导通,L1 通过 D1 形成回路,为负载供电,由 L1 和 C35 实现比较稳定的供电。

EMC 综合分析:在输入端,该电路具有一定的抵抗浪涌和 EFT(电快速瞬变脉冲群)的能力,并且设置了滤波电路,有一定的滤波能力,但滤波效果具体得看滤波参数是否与电路波形匹配,需要测试验证。在输出端,该开关电路仅有一个稳压电容,并未设置滤波电路。由于开关模块频率较高,上升沿较快,并且产品线束过长,有较大的 EMI 风险。总的来说该开关电源电路从 PCB Layout 角度分析存在一定的 EMC 风险。

2.1.3 干扰源验证

PCB 上锁定 EMI 干扰源最主要的手段之一是用近场探头去扫描。分别对 PCB 板上 PWM 芯片、功率电感、MCU、晶振、功放芯片进行近场测试,测量结果见表 2-1。

PCB 近场测试结果　　　　　　　　　　　　　　　　　　　表 2-1

测量位置	测量数值(dBμV)(测量值减 11dBμV 底噪)	测量位置	测量数值(dBμV)(测量值减 11dBμv 底噪)
PWM 芯片	64.6	晶振	31.9
0 功率电感	65.8	功放芯片	39.7
MCU	48.2		

根据近场测试的数据可知 PWM 芯片和功率电感的近场辐射比底噪足足高了 64.6dB 和 65.8dB,且比其他器件高得多,综合上面分析以及测试结果可以判断骚扰源就是该开关电源电路。

2.2 辐射发射分析

2.2.1 辐射发射路径分析

根据上文分析测试可以肯定骚扰源是开关电源电路,它产生的高频骚扰信号经过耦合传导到具有辐射发射条件的电路,最终以电磁波的形式辐射出去,要想抑制或者彻底消除辐射发射,就必须找到辐射的发射路径。

辐射骚扰通常是通过线束或者 PCB 辐射出去的。线束上经常会耦合或者传导共模骚扰,只要线束的长度和骚扰信号的频率满足发射天线的条件,骚扰就会以电磁波的形式辐射出去。PCB 上一般会存在环路,如果环路上存在一定频率的差模骚扰,环路就会产生变化的磁场,这样骚扰信号就会通过 PCB 板上形成的等效环路天线辐射出去。一般出现辐射超标多是共模辐射导致。

本次超标频率为 142MHz,根据辐射天线原理,导线形成天线的最小长度为信号波长的 1/20,该产品超标点在 142MHz,通过计算线导形成天线的最小长度为 106mm。

图 2-5　发动机模拟器铜箔完全覆盖

$L_{\min} = c/20f = (3 \times 10^8)/(20 \times 142 \times 10^6)\,\mathrm{m} = 0.106\,\mathrm{m}$

该发动机模拟器在车上前保险杠位置安装,有 1m 左右的电源线,具备辐射发射的条件,初步推测辐射是从电源输入线辐射出去的。至于 PCB 辐射,由于该 PCB 布局比较紧凑,环路较小很难辐射出如此大的强度。

2.2.2 辐射发射路径验证

本次验证采用频谱仪 + 双锥天线距产品 1m 的方法去测试。利用铜箔屏蔽的特性,依次将发动机模拟器和电源线贴铜箔屏蔽,并进行远场测试。

(1) 将发动机模拟器全部覆盖铜箔,测试 1m 辐射值,如图 2-5、图 2-6 所示。测试值为 63.6dBμV。

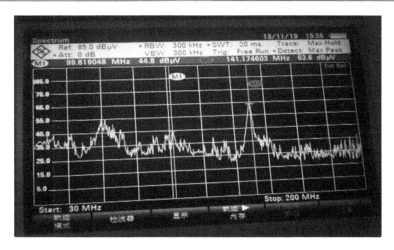

图 2-6　发动机模拟器铜箔完全覆盖 1m 测试

（2）将电源线铜箔覆盖，发动机模拟器不处理，测量产品 1m 处辐射，如图 2-7、图 2-8 所示。测试值为 45.1 dBμV。

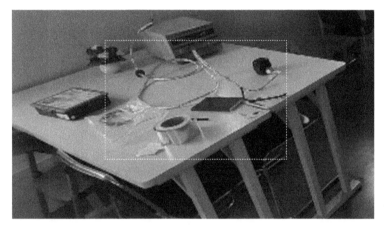

图 2-7　电源线铜箔覆盖

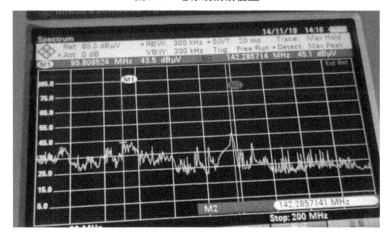

图 2-8　电源线铜箔覆盖 1m 测试

（3）电源线示波器频域测量。

如图 2-9、图 2-10 所示，对发动机模拟器电源线的电压交流成分进行测试可知：图 2-9 所示中红色方框内存在明显的电压波动振荡，图 2-10 所示将振荡波形放大，测量该振荡波形的周期频率为 142MHz，然后再对波形进行 FFT 频域转换，从频域曲线可以明显观察到 142MHz 附近存在一个包络而且幅值较高。这与整车测试超标的频点十分吻合。

根据上面的测试数据以及天线发射原理可知，本次辐射超标主要是由电源线共模辐射引起的。

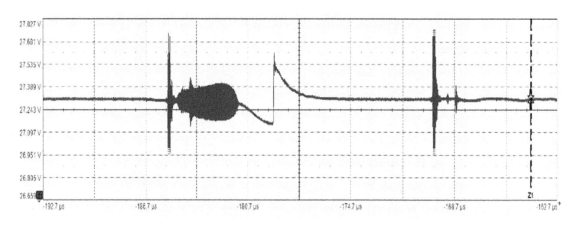

图 2-9 电源线示波器时域测量

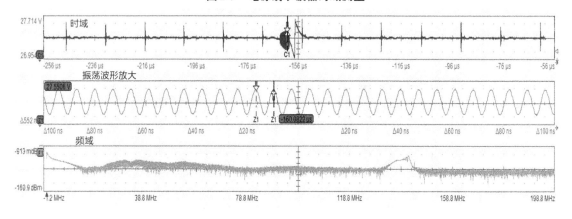

图 2-10 电源线示波器时域波形转换

2.3 辐射发射分析

通过以上分析,进行部分整改尝试如下。

(1)输入端口加 330nF 滤波电容(红色圈内)(图 2-11),用示波器和双锥天线测量,结果如图 2-12、图 2-13 所示。

图 2-11 输入端口加滤波电容

对比图 2-9 和图 2-12、图 2-10 和图 2-13,可知振荡波形的幅值有较大改善,最大幅值由 27.55V 降低至 27.33V,最大幅值降低 220mV,峰值降低 440 mV,频域也有较大改善。

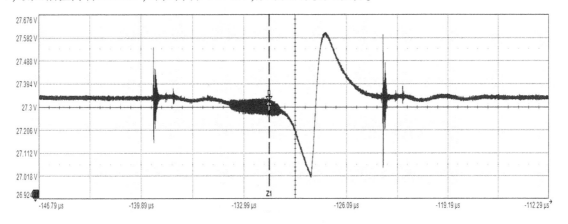

图 2-12　加滤波电容后时域波形

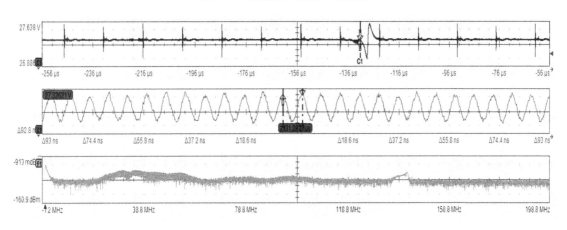

图 2-13　加滤波电容后频域波形

双锥天线 1m 测试电场辐射的测试值由 53.1dB 降至 42.9dB(图 2-14 和图 2-15 中黄色曲线为底噪,白色曲线为工况测量值),有 10.2dB 的改善。

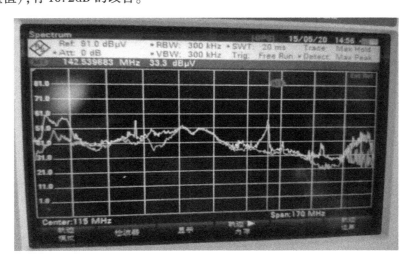

图 2-14　未整改双锥天线辐射测试

根据测试数据,在电源输入口加滤波电容,整改效果较为明显,有较大改善,根据经验已经能通过整车测试。

(2)电源线双绞,用示波器的和双锥天线进行测试,结果如图 2-16 所示。

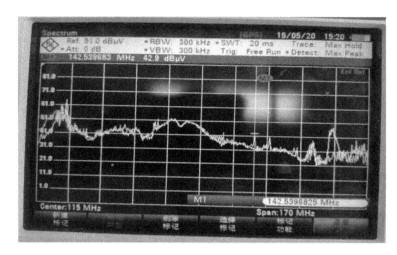

图 2-15 加滤波电容后双锥天线辐射测试

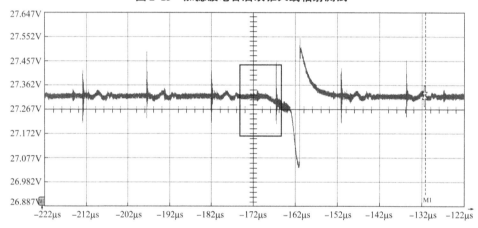

图 2-16 电源线双绞后时域波形

根据图 2-16 可知,振荡波形几乎消失。

电源线双绞后,双锥天线 1m 测试电场辐射的测试值为 33.8dB(图 2-17),与底噪几乎一致。可知电源线上电辐射已经完全抑制。

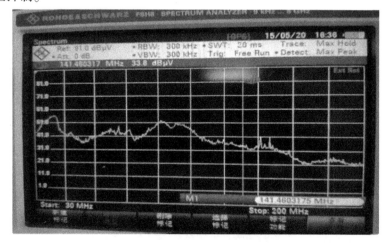

图 2-17 电源线双绞后双锥天线辐射测试

(3)双绞线屏蔽辐射原理。图 2-18 所示为当双绞线上带有骚扰时的屏蔽原理,当双绞线中有电流通过时,在各个导线绞合所组成的面积很小的环路内,产生相应的磁通,而在环路外,由于两边导线流过的电流方向相反,产生的磁通方向相反而大部分被抵消。这样辐射就被屏蔽掉了。双绞线的屏蔽效果随每单位长度的绞合数的增加而提高,但每单位的绞合数越大,损耗也越大。

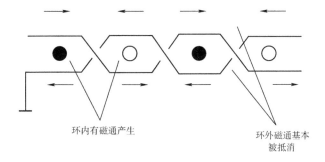

图 2-18　双绞线屏蔽辐射原理

(4) 整车验证。由于发动机模拟器的电源线在整车上已经布置好,且位置在车架和内饰内部,空间狭小,无法对线束整改。只能用电源线端口加滤波电容方案整车去测试。测试结果如图 2-19 所示。

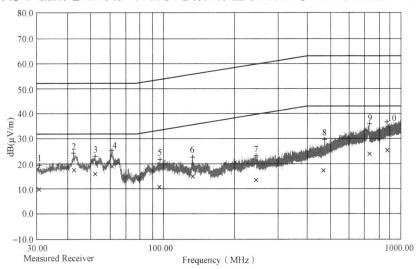

图 2-19　电源线双绞后整车辐射测试

对比图 1-2 和图 2-19 可知,电源线端口加滤波电容方案改善效果非常明显,整改后的测试图中 142MHz 已经没有尖峰了。

(5) 整改总结:

①从测试结果可以看出两种整改方案均有较好效果,但两种方案均有各自的优缺点。

②电源线端口加滤波电容方案只是临时整改方法。整改有效,但无法量产。量产还得在产品 PCB 级去整改,成本上相对会增加,但整改后使用可靠,不依赖线束类型。

③电源线双绞方案优点是操作简单,成本低廉。但需在整车设计时按照双绞布线。临时整改操作起来比较难。

3　结语

通过发动机模拟器辐射超标问题的整改经验,总结出以下几点 EMC 设计要求:

(1) 在产品级,滤波电路参数需按照产品的上的骚扰特征去设计,产品定型后需做零部件 EMC 测试,以保证设计的有效性。

(2) 在整车级,低压产品电源线和信号线需要按照双绞去设计,防止由于产品设计不当产生共模骚扰在电源线上产生共模辐射。

(3) 整车的 EMC 性能很大程度上取决于零部件的 EMC 性能。采购零部件时,在 EMC 角度务必按照零部件 EMC 标准去严格要求零部件的 EMC 性能。

参 考 文 献

[1] 郑军奇.电子产品设计 EMC 风险评估[M].北京:电子工业出版社.2008.
[2] 李保桢.曾祥炜.有源蓝牙音柱辐射与骚扰功率超标整改[J].电磁干扰抑制技术,2016(2):83-86.
[3] 武云龙.中巴车载 LED 室内灯 EMI 综合分析[J].比亚迪商用车研究院技术学报,2015(8).

多路定时启动模块设计

刘 敏,汤永华,黄 洋,陈明菲

(成都广通新能源汽车产业技术研究有限公司,四川 成都 610000)

摘 要:本文介绍了一种风机、泵类等重载大功率设备分时段启动的方法,可避免设备同时启动时对电网或电源的冲击,也可避免同时启动时影响其他设备的正常工作。

关键词:定时;启动

0 引言

多路定时启动模块可将一组电气设备分时段启动,并且保证有相同的启动间隔,即第一个设备立即启动,第二个设备30s后启动,第三个设备60s后启动……依次间隔30s启动(间隔时间30s可以设定),这样就避免了设备同时启动对电源的冲击。该模块应用于交流电机的定时启动,也可应用于电动客车中,实现风机类设备的延时启动。

1 电路解析

1.1 电源电路

电源回路如图1-1所示。J1为220V交流电源输入端,通过自恢复熔断器F及限流电阻RX接入电源芯片U1。CX2为输入滤波电解电容,CX1为电源滤波电容,RV为压敏电阻,可有效抑制浪涌,C1为输出滤波电解电容。TVS为瞬态抑制二极管,正常工作在高阻状态,当电路出现异常时,迅速变为低阻态,并将异常高压钳制在一个安全水平之内,从而保护IC或线路。CY0为高频电容,可抑制噪声。C2为输出滤波电容,R1和R2是两个功率电阻,共同分担U2稳压电源的输入功率,C3和C4为稳压电源的输入滤波电容,C5和C6为稳压电阻输出滤波电容。U2输出的5V电压,通过发光二极管和R3电阻接地,当电路正常工作时,L1被点亮,表明此时5V电源输出正常。

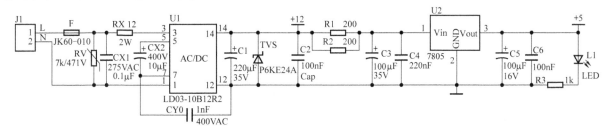

图1-1 电源回路

1.2 启动电路

启动电路如图1-2所示。J2为220V电源输入端,U3为整流桥,可将交流电转换为直流电,R4、R5、R39、R40为电阻,VD1和VD2为稳压二极管,C7为稳压电容,R6为限流电阻,U4为光耦,当U4输入端流过合适的电流时,输出导通。J2电源输入时,U4输出端导通,Clock的电压被拉低,发光二极管L2被点亮,同时OE被拉低,MR输出高电平。该电路中D1为二极管,Q1为PNP三极管。

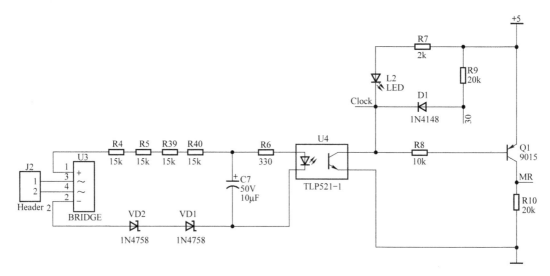

图 1-2　启动电路

1.3 控制电路

1.3.1 分频电路

CD4541 是一个可编程分频器，通过 Rtc 和 Ctc 可以匹配振荡频率：

$$T = 2.3nRC$$

若 U5.A 和 U5.B 都为 1 时，$n = 32768$。

故 $T \approx 15s$，即每隔 15s，U5.Q 输出高电平，此时 Q2（NPN 三极管）饱和导通，L3 发光二极管被点亮，SH_CP 输出低电平信号；当 U5.Q 输出低电平时，Q2 截止，Q3 导通，L4 发光二极管被点亮，ST_CP 输出低电平信号。

当该定时启动模块需要启动工作时，MR 电平被拉高（如第二部分启动电路所述），ST_CP 也被拉低，L4 被点亮，即当有启动电源输入给 J2 时，ST_CP 清零一次；同时，Clock 在启动后，被拉低，U5 才可正常工作。故模块启动后，U5 开始启动定时，15s 后 U5.Q 输出高电平，30s 时输出低电平，45s 时输出高电平，依次间隔 15s 高低电平变换，SH_CP 和 ST_CP 的电平相反。

分频电路如图 1-3 所示。

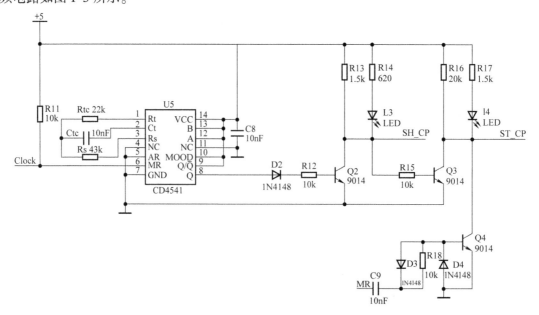

图 1-3　分频电路

1.3.2 移位电路

移位电路如图1-4所示。U6为8位串行输入/输出或者并行输出移位寄存器。SH_CP上升沿数据移位,SH_CP下降沿数据保持。ST_CP上升沿移位寄存器的数据进入存储寄存器,ST_CP下降沿存储器数据不变。OE为输出使能(低有效),MR为移位寄存器清零端(低有效)。当启动电路J2接入电源后,OE为低电平,MR为高电平,而SH_CP和ST_CP每隔15s输入相反的高低电平。模块启动后,30s后Q0输出高电平并保持,再过30s后Q1输出高电平并保持,依次类推,C1~C5相继输出高电平并保持。

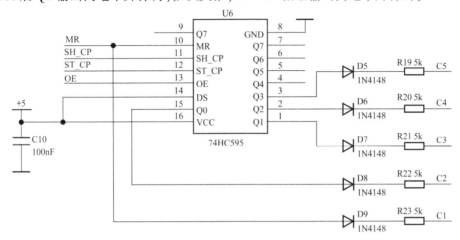

图1-4 移位电路

1.4 驱动电路

模块启动后,C1立即输出高电平并保持,间隔30s后C2输出高电平并保持,依次直至150s时C5输出高电平并保持。

以其中一个驱动电路为例阐述工作原理(图1-5),当C1输出高电平时,继电器K1的线圈导通,触点闭合,即Q11和Q12接通,这样K1的触点便可串联至电动机的接触器控制线圈中,这样一旦接触器主触点闭合后,电动机就可以工作了,如此便可实现多个电动机的定时启动。在这个电路中D10为续流二极管,在线圈关断过程中起续流的作用,R24和C11可以降低K1线圈吸合时的电压,起降低继电器功耗的作用,K1触点并联的RC电路,起吸收继电器触点火花的目的。

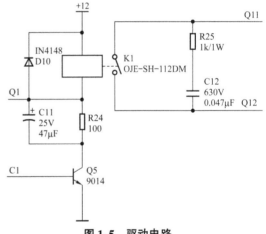

图1-5 驱动电路

2 结语

本文介绍了一种分时启动模块,包括电源电路、启动电路、控制电路以及驱动电路,启动电路用于生成时钟信号及复位信号,并将时钟信号及复位信号传输至控制电路,控制电路用于接收到时钟信号及复位信号后,按照预设定的时间间隔依次生成多个启动信号,多个启动信号与多个驱动电路一一对应实现按照预设定的时间间隔依次启动;由于在未采用单片机的情况下实现了负载的延时启动,从而降低了制造分时启动模块的成本,同时提高了系统的抗干扰性。

参 考 文 献

[1] 寇戈,蒋立平.模拟电路与数字电路[M].北京:电子工业出版社,2009.
[2] 李文渊.数字电路与系统[M].北京:高等教育出版社,2017.
[3] 阚加荣,叶远茂,吴冬春.开关电源技术[M].北京:清华大学出版社,2020.
[4] 刘军.新型开关电源典型电路设计与应用[M].北京:机械工业出版社,2019.

基于 Flow Simulation 的客车空调流场分析

代园,朱长春,叶陈,陈明菲,侯明玉,陈亮,王子豪

(成都广通汽车有限公司,四川 成都 610000)

摘 要:利用 CFD(Computational Fluid Dynamics)软件 Flow Simulation 对城市客车空调送风流场进行仿真分析,更直观地研究空调布置与送风、导风系统等对车内空气流场的影响,分析不同结构下车厢内部主要区域的风速,根据仿真结果对客车空调送风系统进行设计优化。

关键词:Flow Simulation;客车空调;流场分析;CFD(Computational Fluid Dynamics);客车风道

0 引言

汽车空调作为车内空气环境调节的主要部件,极大程度为驾乘人员营造了一个舒适宜人的驾乘环境。人们往往认为汽车空调就是调节车内的温度,却忽略了空调布置以及送风、导风系统的设计对空气调节产生的看不见的影响。在乘用车领域,对车内的人机环境研究相对比较全面,对车内空气流场等分析也相对充分,然而对于客车尤其是城市客车的设计往往只是关注空调的制冷/制热量,对于空气流场的分析却鲜有研究,对车内风道等导风系统的设计往往以历史经验作为参考,缺乏理论数据的支撑。

然而客车作为公共交通运用于各个公共场所,更应该注重其空调与车内空气流场的分析,为驾乘人员提供较为舒适的车内环境。为此,本文提供一种利用 CFD(Computational Fluid Dynamics)仿真软件 Flow Simulation,通过对研究车型进行基础模型建立、边界条件设定、网格划分、迭代计算实现对大型客车车内空调送风流场的分析,通过仿真结果的直观性,实现对各种结构下的流场仿真,识别不合理设计,进一步实现优化设计。

1 仿真模型建立

1.1 简介

客车作为一个复杂的公共载人交通工具,整车主要分为车身骨架、车身内外饰、电器、底盘四大部分,本文重点研究的对象隶属车身内外饰的风道总成与空调总成的关系,旨在利用仿真软件对 10m 城市客车的空调出风流场分析,研究各关键控制点位的风速分布,研究风道出风口设置对各关键控制点位风速的影响,进而达到设计优化,为驾乘人员提供相对舒适的车内环境的目的。

1.2 模型建立与简化

由于客车尺寸较大,车内各部分零部件相对复杂繁多,为降低仿真计算时间,降低电脑负荷,需要根据研究内容对车内零部件进行简化,本文仅提供一种分析优化设计的处理方案,需要高精度仿真的可以根据自身需要,增加零部件细节及尺寸精度,在此不作详细说明。

客车空调通常安装在车身顶盖骨架上方,两侧为出风口,出风口内侧与风道接通,启动空调时,冷风由蒸发器经空调出风口送入风道,再由风道将冷风传递到车内各区域,实现车内降温;在两个出风口之间存在空调回风口,回风口设置在两个风道之间的车身顶部,与空调冷凝器相连,车内空气可由回风口流经冷凝器,实现空调系统的车内循环。因此,车内风道与空调出风口、回风口为本文仿真必要条件,需建模。

此外,本文主要研究车厢内空气流场,因此,简化的车身模型需要建立;车内空间存在因地板造成的高

度空间变化,以及包围的阻挡,因此,地板包围需要建立简易模型。涉及车厢模型建立完成后状态如图 1-1 所示。

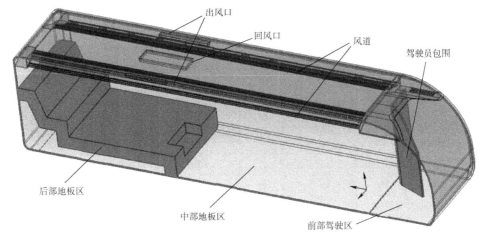

图 1-1 车厢模型

2 仿真计算

2.1 模型检测

仿真参数设定前需对模型进行检测,本文研究车内流场,需对模型内部进行分析,检测模型的流体区域与完整性,排除不具备流动条件的腔体,可识别模型内部流体流动的空间,判断是否与研究的对象一致,检测结果如图 2-1 所示。

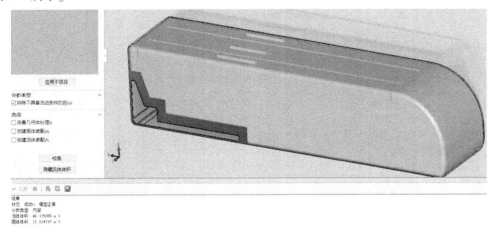

图 2-1 区域检测

2.2 基础参数设定

根据研究对象设定仿真基础参数,设定环境压力为标准大气压,温度为 293.2K,设定流体为空气,流体流动类型为湍流和层流,空间壁面表面粗糙度 Rz 为 200μm。调整仿真计算域,确保研究区域均在计算域内部。

2.3 边界条件设定及收敛目标设定

本文以研究流体速度为主,根据某车载空调参数,可由厂家给定的风量数据及出风口、回风口面积计算出相应位置的流速(表 2-1),选择空调出风口出风面设置边界条件,空调出风口风速设定为 12m/s;选择回风口设定边界条件,回风口风速设定为 5.5m/s;选择风道出风口边界条件为静压,压力值为成都地区夏季平均气压 94.5kPa。

本次仿真主要研究对象为车内气体流场，分析各区域关键点的风速，所以可设定目标参数为车内流体区域绝大部分的平均速度，用于控制目标收敛，通过观察绝大部分平均速度趋于稳定时可结束仿真运算。

某车载空调参数 表2-1

参　　数	数　　值
最大蒸发风量(m^3/h)	5400（单侧流量 $1.5m^3/s$，风速 12m/s）
最大冷凝风量(m^3/h)	8000（流量 $2.2m^3/s$，风速 5.5m/s）
最大新风风量(m^3/h)	1620
制冷输入功率(kW)	8.7（季节平均能耗 3.34kW）
压缩机输入电压(V)	AC300 或 AC220 三相
风机输入电压(V)	DC27
四通阀输入电压(V)	DC24

2.4 网格划分及计算

由于整车尺寸相对出风口尺寸较大，网格划分过细，总网格数会达到数百万级或者更高，虽然精度提高，但是对于计算机的硬件要求较高，运算时间也会成倍增加。由于条件限制，本次网格划分等级为 5 级，局部出风口细化增加一级，初始网格尺寸为 300mm × 300mm，6 级划分后局部网格尺寸约为 9mm × 9mm。运行计算，总网格数约为 90 万个（图 2-2），网格划分结果如图 2-3、图 2-4 所示。网格划分完成后即可开始进行仿真运算。

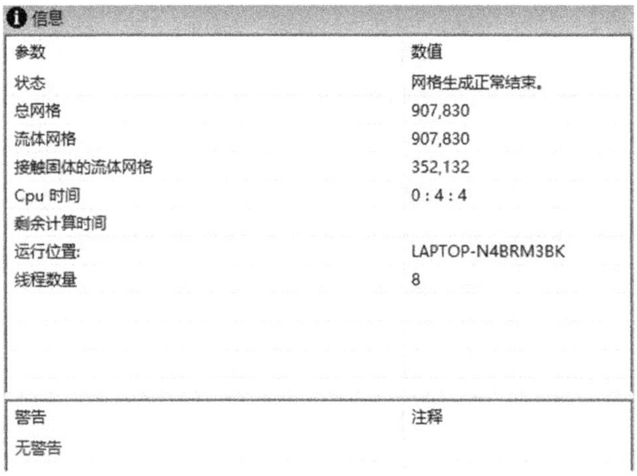

图 2-2　网格数计算

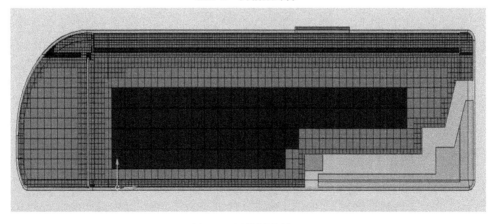

图 2-3　网格划分结果

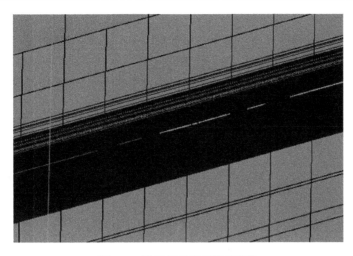

图 2-4　出风口处局部网格细化

通过观察目标参数的收敛程度,当目标参数(车内流体区域绝大部分的平均速度)逐渐趋于稳定时,如图 2-5 所示,手动结束仿真计算减少运算时间。

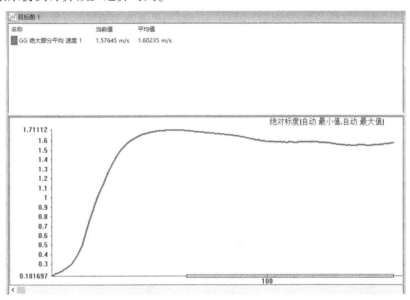

图 2-5　目标参数收敛

3　原始模型仿真分析

3.1　整体流场速度流动迹线分析

从粒子的速度流动迹线图及局部切面速度矢量图(图 3-1 ~ 图 3-3)可以看出空调出风经出风口流出后,在风道内扩散,由于风道纵向距离偏小,空调出风口处出风直吹在风道门板与车身形成的断面上,旋转往复呈现大量涡流,局部甚至出现双涡流增加 X 方向传递阻力,不利于气体往出风口前后方向流动。在风道的引导下,送出空气往风道两侧输送,途径风道下型材的出风口时均匀送风到车厢内部,左右风道在车厢内部形成双循环,将空调送出的风逐步扩散到车厢整个区域。随着空气的流动,在风道前后端内部的涡流现象逐渐减弱,且风道前后部由于静压偏大,风道出风效率升高,由于空调布置位置偏后,导致后部座椅上方风速较其他位置偏大。

由于风道出风口只设置在风道下型材上,中部区域只有靠两侧出口出风的内部循环实现新风换气,效率偏低,不利于空调制冷制热效果的有效传递,在后续优化过程中,将增加风道顶部的常开出风口,便于风道中的高速气流经常开出风口直接进入车厢中部,实现两侧乘客区及中部乘客区的同步通风换气,提高空调制冷制热传递效率。

根据流动迹线图可以看出,出风口处出风方向总是斜向偏离空调出风口,因此,在布置风道下型材上的可调出风口时,可以根据座椅布置调整出风口位置,避免出风口直吹乘客头部造成乘客不适的现象。

通过对当前设计的仿真流场速度流动迹线分析,可以更加直观地发现设计缺陷,可成为后续优化设计的重要设计依据。

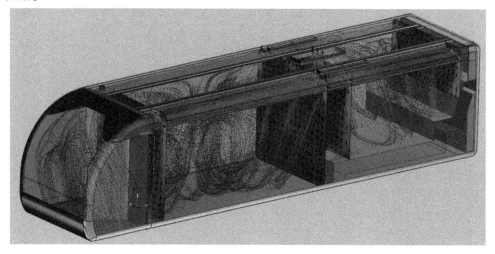

图 3-1　速度流动迹线图

图 3-2　出风口处局部速度矢量切面

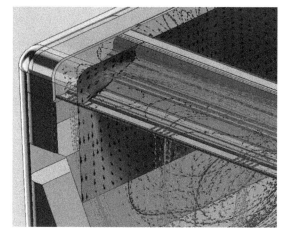

图 3-3　后排座椅处局部速度矢量切面图

3.2　关键部位风速分析

针对车厢内部及风道中关键部分的速度分析,可以在模型中增加研究对象区域的控制线,本文中在风道中部、风道出风口下部140mm、风道出风口下方1100mm、车厢中部设置由后围到前围的控制线,分别用于测算风道内、出风口处、侧围乘客头部区域、中部乘客区域的速度变化,如图3-4所示。通过仿真可以得到相应控制线上各点速度在整车 X 方向上的变化函数图,如图3-5所示。

可以看出,虽然风道内部风速在出风口处最大,往两侧逐渐减小,驾驶区局部出现速度增加是由于中顶处风道断面突然减小导致。经过风道底部型材出风口的逐步分流,出风口处的风速基本一致,由于空调布置偏后,空调出风口后部区域的风道出风口处速度相对于前部偏高,而往往后部乘客空间及人数相对前部区域偏少,导致出现客车运行中后部偏冷、前部偏热温差过大的情况。在设计优化中,可以调整空调布局,尽量将空调出风口布置在空间大、乘员密集的中前部区域。

由中部乘客区和侧围乘客头部区域的速度线可以看出,整体处于平稳状态,风道出风口送出的高速风已被分散,不会对乘员造成高速风直吹的问题。

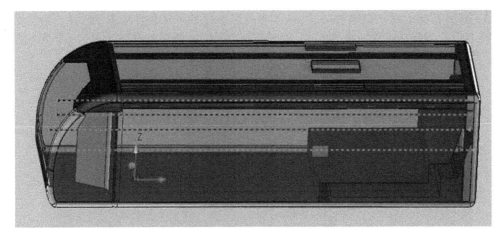

图 3-4　关键点位风速分析控制线

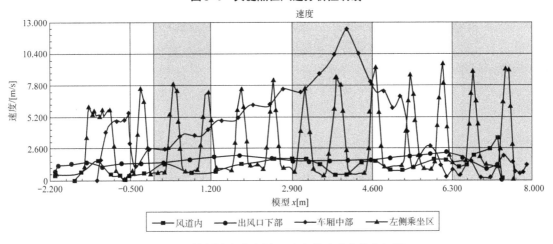

图 3-5　控制线上各点随 X 方向的速度变化坐标图

4　优化结构设计及仿真结果对比分析

根据原始模型仿真结果,进行部分优化,修改模型增加风道顶部的常开出风口,由于空调布置靠后,在空调出风口处增加往前的导风罩。仿真结果如图 4-1、图 4-2 所示。

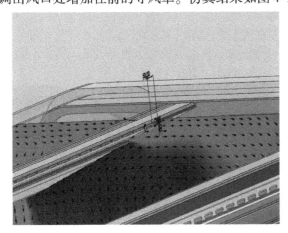

图 4-1　增加常开出风口结果

由于增加顶部常开出风口,风道内部气流能通过常开出风口快速进入车厢中上部,与风道下型材上可调出风口出风同步带动车厢内部空气流动,快速达到换气降温或升温的目的,提高空调制冷制热效率。由于车厢顶部存在回风格栅,在回风格栅位置应该避免设置开常出风口,防止由常开出风口吹出的气流直接进入回风口,不参与车内空气循环与温度传递而造成空调效率的损失。

由于在出风口处增加了簸箕型导风罩,出风口大量出风在导风罩的引流下直接往车前部流动,开口处呈现出放射状,提高局部风速的同时大大减小了出风直吹风道门板导致的涡流现象,极大地提升了空气流体在风道内 X 方向的传递效率。

图 4-2 增加导风罩结果

5 结语

通过 Flow Simulation 的流体仿真分析,可以更加直观的识别前期设计问题,通过更改结构等方式优化设计,可以大大提高产品空调出风传递效率,避免因设计原因造成风速不均、温差过大等问题。本文仅以简易模型进行理想状态下的仿真分析,实际情况会因风道内部管线路、风道支架等多元素的影响存在差异,通过仿真的直观显示与实际经验的结合,可以有效提高设计的产品质量,做到设计有理论数据的支撑。

由于缺乏系统的客车空调流场、温度等在整个车厢内部的仿真分析及教程,本文特提供一种基于 SolidWorks Flow Simulation 的仿真分析方案,才疏学浅旨在抛砖引玉,希望业界大咖指点并分享更加专业的仿真分析方案,供相关人员学习,以弥补专业空白。

参 考 文 献

[1] 刘开春.客车车身设计[M].2版.北京:机械工业出版社,2015.
[2] 宋勇.城市客车内饰的风道设计[J].城市车辆,2008(07):44-46.
[3] 杨润泽,安正顺.某汽车空调暖风风道的 CFD 仿真和优化[J].湖北汽车工业学院学报,2016(04):1-4.
[4] 胡章胜.微型汽车前挡风玻璃除霜风道的 CFD 仿真与优化[J].轻型汽车技术,2016(05):6-8.
[5] 苗长玉,纪绪北.基于 Fluent 的电动客车空调风道流场模拟[J].汽车零部件,2013(05):67-70.

一种电动客车智能车载屏的应用简介

刘 敏,黄 洋,陈明菲,刘 坤

(成都广通新能源汽车产业技术研究有限公司,四川 成都 610000)

摘 要:随着物联网技术在客车上的发展,人与车之间的联系越来越密切,不仅体现在驾驶员与车的互联,还体现在乘客与车的互联。当前人与车只是零散的交互,并未将这些信息进行有效统一。因此,如何将车辆环境的信息直观地呈现在人的面前,以及如何让人的行为通过一个平台实现则需要通过一种媒介。本文通过一个安装在车辆上的触摸屏,实现人与车的互联,进而构建了一种庞大的人车互连生态系统。

关键词:车辆;触摸屏

0 引言

物联网是基于互联网、传统电信网等信息承载体,让所有能行驶独立功能的普通物体实现互联互通的网络。目前,物联网技术在车辆上也有应用,使得人与车密切关联,例如,驾驶员与车辆、乘客与车辆。然而电动客车上没有一种统一的平台能够将人与车有效地互联。针对相关技术中人车交互的局限比较大,无法为驾乘人员提供较好的服务的问题,目前尚未提出有效的解决办法,为此本文将提出一种电动客车智能车载屏的应用方案。

1 功能概述

通用车载屏的功能简图如图1-1所示。

1.1 多媒体播放功能

该车载屏支持U盘本地播放功能,可以实现视频和语音播放功能。同时也可以通过车载屏播放网络上的资源。

1.2 驾驶员身份上传

通过网线接口可以上传驾驶员图像、工号等,方便乘客了解驾驶员身份信息。

1.3 驾驶员行为分析和评价

据我国公安部交通管理局统计,每年因疲劳驾驶引发的交通事故占道路交通事故的20%,高速公路交通事故的30%以上,且多为群死群伤重大事故。为此疲劳驾驶预警系统是一款基于机器视觉技术的驾驶辅助预警产品,通过分析驾驶员表情特征实现对驾驶员的疲劳及注意力分散状态的实时识别并提供报警信息。可实现疲劳驾驶检测,危险行为检测(如注意力分散、吸烟、酒驾、开车拨打电话、接听电话等),将检测结果通过GPRS模块发送到车载显示屏或移动终端。实现驾驶员状态的远程监控,全程为驾驶员、营运单位及监管部门提供安全保障服务,有效规避危险情况的发生。同时结合整车能耗(每千米消耗的电能)分析情况,可以为驾驶员进行综合考评。

1.4 整车能耗分析

可以在一段时间内查询整车的历史能耗(每千米消耗的电能)统计,并以图表或曲线的形式显示(横坐标为千米数,纵坐标为消耗的电能),直观地展现车辆的能量消耗水平。实时更新剩余电量(剩余电量由电池管理系统实时发送到 CAN 总线上,车载屏通过 J1939 协议解析出相应的数值),预估行驶里程。

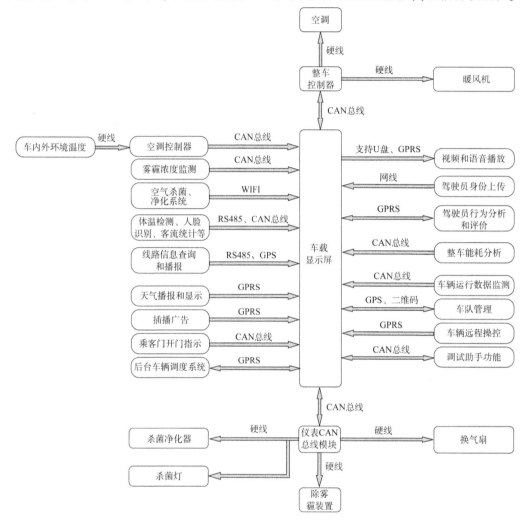

图 1-1　通用车载屏的功能简图

1.5　车辆运行数据监控

可以在线监测整车的重要运行数据,特别是电池剩余电量、充电时间、电池衰减(这些数据由电池管理系统实时发送到 CAN 总线上,车载屏通过 J1939 协议解析出相应的数值),整车在线故障(这些数据由整车控制器及电池管理系统实时发送到 CAN 总线上,车载屏通过 J1939 协议解析出相应的数值)。

1.6　车队管理

由于车载屏本身就基于安卓内核,所以驾驶员可以通过手机扫二维码与车载屏系统进行连接,用户通过手机下载相应的 APP 即可,这样可以方便驾驶员了解车辆运行的基本概况;借助车载屏的高精度定位功能,可以实现在线找车和车辆定位的功能。

1.7　车辆远程操控

驾驶员通过手机操作可远程提前开启空调、暖风机、换气扇、杀菌净化器,杀菌灯等。其中空调和暖风机开启时,车载屏将通过 CAN 总线将开启指令发给整车控制器,整车控制器负责电源供给。当换气扇、杀菌净化器、杀菌灯需要开启时,CAN 总线模块被唤醒,通过给它们提供电源,让其提前工作。

1.8 调试助手功能

给出车辆故障列表,以及每个故障的排查方法,辅助售后人员故障诊断和解决。同时可将整车关键数据或故障存储在车载屏的永久寄存器(EEPROM)中,以便疑难问题时调取下电后存储在寄存器中的数据。

例如:

当前故障:001——MCU母线欠压故障。

检查方法:

(1)检查高压箱内断路器及主回路保护器是否闭合;
(2)检查电机控制器主正继电器状态是否闭合;
(3)检查预充回路;
(4)检查高压箱内主驱熔断器是否正常。

1.9 后台车辆调度系统

通过 GPRS 实现后台调度系统和车辆的互动,调度系统将调度信息传达给车载屏,同时车载屏可以把本地整合的信息发给后台调度系统。

比如通过车载屏将整车的烟雾和火灾报警发送给公交后台调度系统,当调度系统收到报警信息后,可远程下达应急语音指令。

1.10 乘客门开门指示

当显示屏收到调度系统的左侧开门报文时,左侧开门指示(红色)以 1s 的时间间隔闪烁,滚动显示区显示"当前站点左侧开门,请您携带好随身物品,准备下车",同时,语音播报该段文字;当显示屏收到调度系统的右侧开门报文时,右侧开门指示(黄色)以 1s 的时间间隔闪烁,滚动显示区显示"当前站点右侧开门,请您携带好随身物品,准备下车",同时,语音播报该段文字,其余状态均为灰色。

1.11 插播广告

车载屏可定时接收网络服务器植入的广告,也可播放本地的广告、车辆宣传视频、线路及旅游信息介绍等。

1.12 天气预报显示

车载屏可显示当日的天气情况,并在早上、中午和晚上分别语音播报一次。

1.13 线路信息查询和播报

车载屏可通过 RS485 接收本地调度主机的线路信息,也可通过 GPS 高精度定位功能显示车辆的行程,乘客通过车载屏的查询功能可方便查看路线信息。

1.14 空气杀菌、净化系统

2020 年初突如其来的新冠肺炎疫情肆虐,让人们的出行变得困难,特别对是人流密集的公共交通,在狭小密闭的空间内,细菌和病毒更容易传播和残留,为有效提升车辆乘坐环境,杜绝二次感染,对公交车、大巴车等整车的车厢内空气环境有效杀菌和消毒就显得尤为重要。当需要车载杀菌设备工作时,CAN 总线模块通过硬线给其提供工作电源,同时杀菌设备的工作状态、臭氧浓度、空气污染物的浓度也实时通过 WIFI 上传到车载屏。

杀菌设备如吸顶式杀菌净化器、紫外线杀菌灯。

吸顶式杀菌净化器安装在公交车或大巴车等的车厢顶部或侧壁,与车载屏进行数据通信,通过循环风扇对空气进行实时流动,并启动杀菌消毒装置对车厢内的空气进行净化。产品净化空气功能包括空气负离子、臭氧和光触媒等发生装置。产品可以在无人和有人两种模式下实时启动工作。

紫外线杀菌灯安装在公交车或大巴车等的车厢前部或者中后部,采用顶部安装。通过与显示控制器进行数据通信,通过大功率循环风扇对车厢内的空气进行净化。产品净化空气功能包括空气负离子、臭氧和光触媒、紫外线灯等发生装置。产品可以在无人和有人两种模式下实时启动工作。

1.15 雾霾浓度监测

车载屏实时监测车辆内外 PM2.5 的浓度,当车内和车外浓度分别大于各自的设定值时,车载屏通过 CAN 总线给仪表 CAN 总线模块发送除雾霾装置启动指令,车内静电除霾及除霾风机开始工作,同时车载屏显示车外空气净化前后的数值,以及车内空气质量的数值,并且可以绘制实时的空气质量状态图。

1.16 车辆内外环境温度

空调蒸发器上安装有车内的温度传感器和车外的温度传感器,因此,可将空调控制器采集的车内外环境温度值实时上传至 CAN 总线,车载显示屏通过 J1939 协议解析出相应的数值。

1.17 体温检测、人脸识别、客流统计等

车载屏还可以连接体温检测、人脸识别、客流统计等车辆部件,通过 RS485 或 CAN 总线将各部件采集的数据进行显示或上传至云服务。

例如将高温乘客的图像信息、检测时间发送给车载屏;将每天的客流总量发送给车载屏。车载屏按照 RS485 和 CAN 总线的解析规则解析出相应的数值。

2 结语

本文独创性地构建了一种电动车辆的生态系统,利用车载屏将各种信息资源进行整合,实现了人和车的互联。既可以让驾乘人员了解车辆的信息,也可以辅助售后人员快速解决技术问题,还能通过手机远程操控车辆观察车辆的动态数据。

参 考 文 献

[1] 李俨.5G 与车联网:基于移动通信的车联网技术与智能网联汽车[M].北京:电子工业出版社,2019.
[2] 刘春晖,刘光晓.汽车车载网络技术详解[M].北京:机械工业出版社,2018.
[3] 崔胜民.一本书读懂智能网联汽车[M].北京:化学工业出版社,2019.
[4] 杨燕玲.车联网技术与应用[M].北京:北京邮电大学出版社,2019.

一种新能源纯电动公交车智能车载卫生间设计

刘 坤,袁良明,黄 洋

(成都广通新能源汽车产业技术研究有限公司,成都 610000)

摘 要:新能源纯电动公交车配置卫生间之后,卫生间除臭、安全、排污等问题成为主要难题。为解决诸如此类问题,开发此智能车载卫生间。此智能车载卫生间对比于传统车载卫生间使用更加方便,优化卫生间除臭方案,通风、通气更加良好;解决了卫生间的安全问题,防止卫生间内部意外事件发生;有效控制卫生间内部温度,保持良好舒适度;有效解决卫生间排污,达到智能排污,无须人工操作;增加卫生间管理模块,卫生间内部信息驾驶员一目了然,更加清楚卫生间使用状态,使用更加安全。

关键词:公交车;卫生间;安全;智能

0 引言

公交车作为当前城市公共交通的主要工具之一,为人们日常出行活动提供了舒适与便捷的服务。甚至部分公交车还加装了卫生间,提供了更加便捷的服务。然而,加装了卫生间之后,带来了诸多问题,例如:卫生间内部臭味、安全,卫生间排污等。

公共交通应有良好的环境及安全性能,所以公交车配备了卫生间之后,车内外的环境以及安全问题成为重点研究方向之一,因此,设计一个智能的车载卫生间,对提升车内舒适度及安全有重大意义。

本文主要围绕车载卫生间的舒适度以及安全设计的智能系统电路控制,有效提升车载卫生间环境及安全性能。

1 智能车载卫生间控制系统组成

该系统主要由人体感应装置、红外对射装置、烟雾传感器、管理模块、灯具、风机、显示器、水位传感器、仪表、按钮开关、水泵、温度传感器、车载卫生间装置等部件组成。

2 各组件主要功能

人体感应装置:检测卫生间内部人员情况。

红外对射装置:车辆位置定位,实现定位排污。

烟雾传感器:检测卫生间内部烟雾。

管理模块:卫生间信息管理模块,实时与仪表模块等相关装置通信。(以下简称为ECU)

灯具:卫生间内部照明。

风机:卫生间内部除臭、恒温(此系统分为底部普通风机及顶部轴流风机)。

显示器:提示人员情况。

水位传感器:实时检测卫生间净水箱与污水箱水位信息。

仪表:接收管理模块信息,实时显示卫生间内部信息以及报警等。

按钮开关:危急报警开关。

水泵:抽水灭火及冲刷。

温度传感器:实时监测卫生间内部温度。

车载卫生间装置：主要载体。外观如图 2-1 所示。

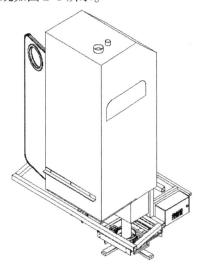

图 2-1　车载卫生间装置

3　控制系统原理

本系统涉及气路原理、水路原理、电路原理，本文主要撰写电路控制原理（其中气路原理如图 3-1 所示，水路原理如图 3-2 所示）。控制系统由整车低压蓄电池提供 24V 电源输入到 ECU 及其他负载，其他负载输出信息全部由 ECU 接收处理并控制相应单元。由卫生间内人体感应开关采集人物信息，卫生间内部灯具、风扇能自动启停，具有自动照明及除臭的功能；由温度传感器采集温度，控制器就会根据温度与占空比的匹配输出脉冲信号来控制风扇转速，温度越高，风扇转速就越高，有效维持卫生间内温度在舒适的范围；由烟雾报警器采集卫生间内烟雾信息，ECU 接收到烟雾信号后启动应急打开喷淋系统和门，防止安全隐患发生；由红外对射装置采集位置信息，ECU 接收位置信息使排污阀工作，实现自动排污，减少人工操作；卫生间水箱及污水箱增加水位传感器，实时检测卫生间水箱内水位信息；实时与仪表通信，驾驶员等相关人员实时了解卫生间内部信息，有效采取相应措施。控制系统原理图如图 3-3 所示。

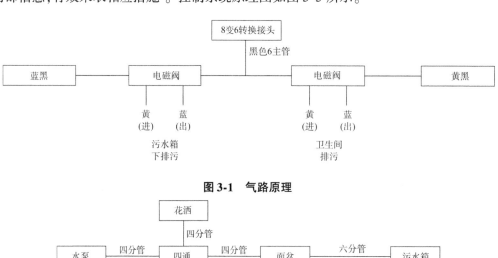

图 3-1　气路原理

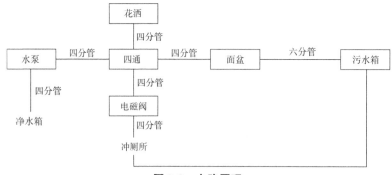

图 3-2　水路原理

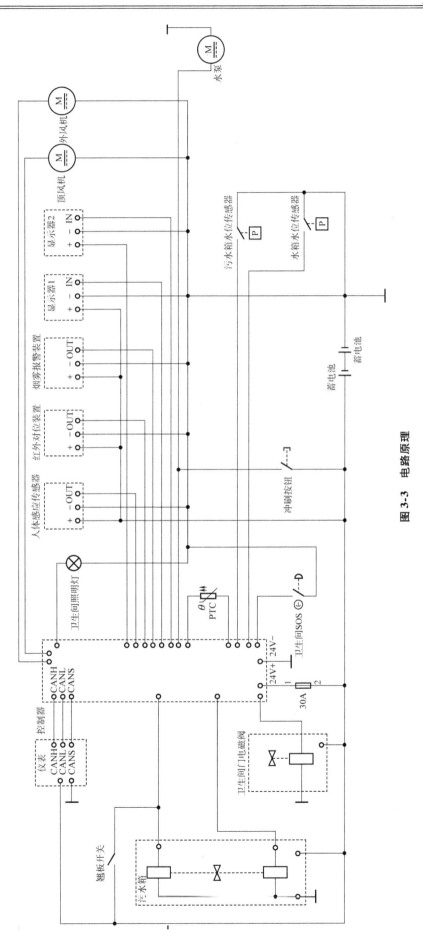

图 3-3 电路原理

4 智能车载卫生间主要实现方法

当人进入卫生间时,人体感应传感器检测到有人进入时输出24V电源信号给ECU,ECU收到24V正控信号后,将ECU状态置为有人状态,ECU进入有人状态控制策略,ECU输出24V电源点亮卫生间内部灯具,并同时输出24V电源到底部普通风机和顶部轴流风机进行除臭(受卫生间温度控制),卫生间外显示器显示有人状态,车头显示器也同时置为有人状态并且显示卫生间内部温度,ECU并将有人信号通过整车CAN网络发送到仪表进行显示,驾驶员及相关人员能直观看到卫生间有无人状态。若卫生间内人员遇特殊情况需要帮助,可按下SOS求救紧急按钮,当按下紧急按钮后,ECU接收负控信号后,输出电压控制门电磁阀打开卫生间门,并输出信号至车头显示器,显示器将文字显示为求助并蜂鸣报警,同时ECU通过整车CAN网络发送紧急信息至仪表,仪表收到信号后声光、文字报警,提醒驾驶员做出相应动作;当卫生间内部人员离开后,人体感应传感器未检测到人员信息时,ECU收到悬空信号,ECU将两个显示器同时置为无人状态,同时ECU延时60s后将底部风机停机。此系统在卫生间内部装有铂热电阻(以下简称PT100)温度传感器,ECU通过卫生间内PT100温度传感器所检测的温度值与占空比的匹配,输出脉冲宽度调制(简称:PWM)波信号实现顶部轴流风机的转速控制,达到调节卫生间内部温度的作用,具体温度段对应占空比及转速见表4-1;当烟雾传感器检测到烟雾、火情时会输出24V正控信号到ECU,ECU接收到24V正控信号时,立即与仪表通信,仪表接收火灾报警报文后声光、文字报警提醒驾驶员,车头显示器接收ECU信号后显示为危险并蜂鸣报警,同时ECU将输出电压控制水泵,水泵工作启动卫生间顶部喷洒进行灭火直至水箱内部水用尽,水泵停止工作,ECU在启动水泵时同时也输出24V电压控制卫生间门电磁阀,电磁阀通电后打开卫生间门,卫生间内部人员或外部人员进行火灾险情处理。

温度段对应占空比及转速　　　　表4-1

温度范围(℃)	≤27	28~30	31~33	33~35	≥35
占空比(%)	0	50	70	90	100
转速(r/min)	0	850	1836	3060	3400

并且ECU实时采集卫生间污水箱及净水箱当前状态通过整车CAN网络发送至仪表,仪表接收到信息后在卫生间显示界面实时显示当前卫生间水箱状态及报警状态,当卫生间污水箱及水箱水位到达水位临界点时会通过ECU发送信息至仪表,仪表会声光、文字报警提醒驾驶员,污水箱达到临界点后,驾驶员开往集中排污地点,车底部红外对位装置与污水池红外对位装置对位后,红外对位装置输出15s24V正控信号,ECU持续接收到15s红外对位信号后,ECU输出24V电压控制污水箱电磁阀,污水箱自动排水至完成,通过污水箱水位传感器检测污水箱水位,当排水完成时,ECU检测到排水完成后输出电压控制电磁阀关闭排水并将信息发送至仪表,仪表接收到信息后,仪表显示界面提醒驾驶员排水完成,且在仪表台加排污翘板开关,驾驶员可在紧急情况进行紧急排污,以防不时之需,致此整个系统完成所有操作。

5 结语

本文以车载卫生间环境、安全、方便、舒适度为方向设计了一套智能控制系统。通过控制风机方式,快速散去卫生间内部异味以及控制卫生间内部温度,提高卫生间舒适度;实时监测卫生间内部信息,并有自动应急系统,保证卫生间内部安全,使用更放心;相关信息实时显示,卫生间内部信息及其他相关信息一目了然;实现无人工操作排污,使用更舒适方便。

参 考 文 献

[1] 高大威.汽车电力电子学[M].北京:清华大学出版社,2018.
[2] 程夕明,张承宁.新能源汽车功率电子基础[M].北京:机械工业出版社,2017.
[3] 秦贵和,张洪坤.车载网络及信息技术[M].北京:机械工业出版社,2017.
[4] 徐艳民.电动汽车动力电池及电源管理[M].北京:机械工业出版社,2014.

制造工艺与质量管理

客车侧围分块铝蒙皮制造工艺及返修工艺的研究

毛金保

(北汽福田汽车股份有限公司北京欧辉客车分公司,北京 102200)

摘 要:本文主要介绍随着铝合金蒙皮在客车上的逐步推广应用,对于客车侧围铝蒙皮的制造工艺研究及发生事故后蒙皮返修的工艺原则、缺陷识别、工艺流程及操作要点。

关键词:客车;铝蒙皮;制造工艺;返修工艺

0 引言

为了保证客车的续航里程,整车轻量化设计是最为有效的方式,故采用铝合金代替传统的钢铁材料也是近年来各大客车制造企业研究的重点。

作为客车装饰作用的外饰左右侧围蒙皮采用铝蒙皮粘接工艺代替传统钢板焊接工艺在客车厂中的应用越来越广泛。粘接工艺流程主要包括:蒙皮电泳→清洗剂清洁→刷底涂→打胶粘接及固定→工装脱模。

随着铝蒙皮粘接技术应用的越来越广泛,对于蒙皮事故后返修的研究也从国外开始进行分析及应用,本文主要介绍我公司一种大型客车解决侧围铝蒙皮事故后返修的技术方案以及工艺实施方法,介绍返修的工艺原则、缺陷识别、工艺流程及操作要点等。

1 结构设计

客车的外饰蒙皮覆盖件共包含前围蒙皮、后围蒙皮、顶盖蒙皮、左侧围蒙皮、右侧围蒙皮5大结构(图1-1);本章重点介绍为解决侧围铝蒙皮事故后返修,将客车侧围蒙皮设计为分块结构的技术方案。

1.1 左侧围蒙皮

左侧围蒙皮包含前轮拱钢蒙皮(1.5mm厚)、后轮拱钢蒙皮(1.5mm厚)、中间3块铝蒙皮(2.5mm厚),如图1-2所示。

图1-1 蒙皮覆盖件

图1-2 左侧围蒙皮分块图

1.2 右侧围蒙皮

右侧围蒙皮包含前轮拱钢蒙皮(1.5mm厚)、后轮拱钢蒙皮(1.5mm厚)、中间2块铝蒙皮(2.5mm厚),如图1-3所示。

图 1-3 右侧围蒙皮分块图

2 工艺设计

2.1 铝蒙皮粘接的工艺流程

铝蒙皮粘接工艺流程如图 2-1 所示。

图 2-1 铝蒙皮粘接工艺流程

2.2 铝蒙皮电泳

蒙皮随车身电泳。

2.3 铝蒙皮及骨架清洁

用记号笔画线标记,明确打胶区域。使用干净的无尘布蘸与粘接胶配套的清洗剂,干燥时间为 2～3min,方可擦拭底涂,如图 2-2 所示。

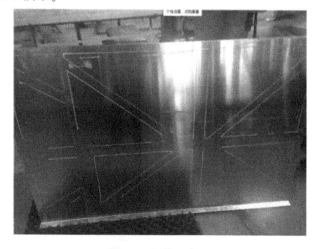

图 2-2 画线示意图

2.4 铝蒙皮及骨架涂底涂

使用底涂前确保底涂摇晃时间不低于 2min;使用摇匀的底涂倒在干净的毛毡卷上,均匀地涂在蒙皮粘接面以及骨架立柱、横梁上,待表面干后方可粘接铝蒙皮,如图 2-3 所示。

图 2-3 刷底涂示意图

2.5 铝蒙皮粘接及固定

将对应的骨架立柱及横梁均匀涂抹粘接剂宽度为 5~8mm,高度为 8~12mm,斜撑粘贴橡塑减振胶条不涂抹胶条,每块铝蒙皮与骨架粘贴处加工艺垫块,打胶 10min 内粘贴完铝蒙皮,工装夹具夹紧固定,夹紧 4h 后才允许脱模,如图 2-4 所示。

3 返修工艺

3.1 总原则:以修为主、能修不换

对既不影响使用性能又不影响外观质量,用简单工艺即可恢复的,应以修为主。

(1)弯曲变形:损伤部位与非损伤部位的过渡平滑、连续,通过拉拔校正可恢复,维修方案:修,如图 3-1 所示。

图 2-4 蒙皮粘接及夹具固定示意图

(2)折曲变形:弯曲变形剧烈,曲率半径很小,小于 3cm,通常在很短的长度上弯曲 90°以上,校正后仍有明显的变形带,维修方案:换,如图 3-2 所示。

图 3-1 弯曲变形(修复)   图 3-2 折曲变形(更换)

(3)撕裂变形:轻微撕裂采取修复,严重撕裂(缺肉)采取换件,如图 3-3 所示。

a) 修复

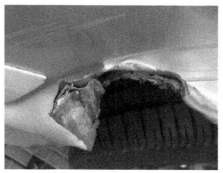
b) 更换

图 3-3 撕裂变形

3.2 主要缺陷分类及修复方案

首先进行目视检查,按照蒙皮件修换原则进行识别哪些部位需要修复,哪些部位需要更换配件,需要修复的部位按照下述方式进行识别缺陷及修复。

(1)主要缺陷:目视检查,可修复的缺陷如图 3-4 所示。

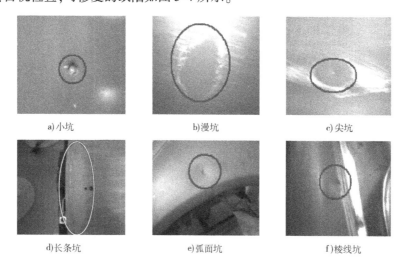

a) 小坑　　　　b) 漫坑　　　　c) 尖坑

d) 长条坑　　　e) 弧面坑　　　f) 棱线坑

图 3-4 可修复缺陷示意图

(2)常用修复工具,如图 3-5 所示。

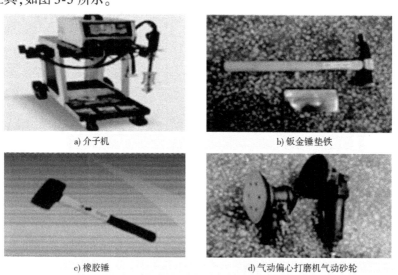

a) 介子机　　　　　　　b) 钣金锤垫铁

c) 橡胶锤　　　　　　　d) 气动偏心打磨机气动砂轮

图 3-5 常用修复缺陷工具

(3) 修复作业流程,如图 3-6 所示。

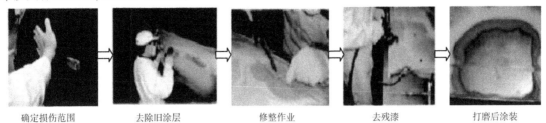

图 3-6 修复作业流程

3.3 侧围蒙皮修复方案

(1) 侧围铝蒙皮缺陷修复需要将内饰侧围板拆除,轮拱钢蒙皮则直接更换,如图 3-7 所示。

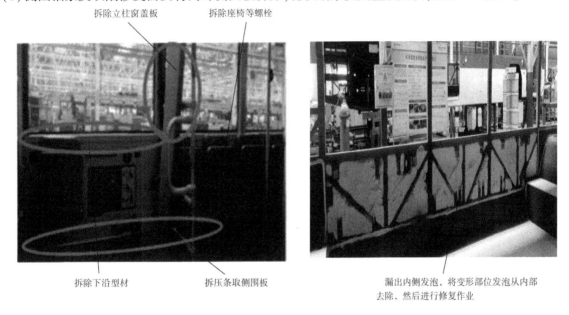

图 3-7 内饰拆除作业流程

(2) 针对较大的弯曲变形(大面积弧坑)需要用介子机进行粗拉伸,然后进行局部校正,若不存在大面积弧坑或无此设备,直接跳过此步骤,如图 3-8 所示。

(3) 应用敲校工艺进行修复:使用铁锤和垫铁进行配合敲校,用铁锤在凹陷的周围均匀敲击,然后逐渐向中间靠拢→修复完成→用角磨机安装布轮进行打磨修整并用砂纸进行精处理→完成后进行涂装并恢复内饰安装,如图 3-8 所示。

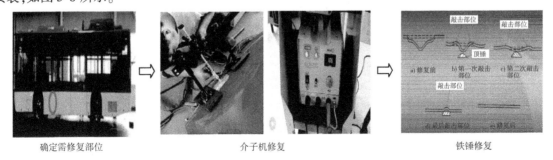

图 3-8 侧围蒙皮修复作业流程

3.4 侧围蒙皮更换方案

按照左右侧围蒙皮分块部位将受损蒙皮进行单独更换,此步骤不需要拆除内饰。

（1）拆除受损蒙皮，由于铝蒙皮为粘接结构，用壁纸刀将填缝胶划破并去除，按下述方法去除蒙皮，去除减振胶条、定位块，如图3-9所示。

图 3-9　拆蒙皮示意图

（2）拆除电器件：拆蒙皮前，先将蒙皮上的侧标识灯、应急阀及舱门等件进行拆除，拆铝蒙皮从下沿开始，如图3-10所示。

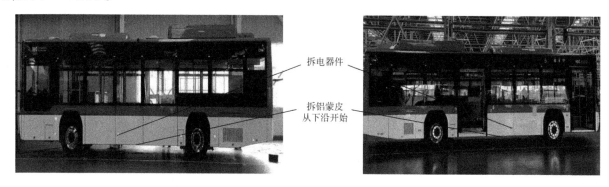

图 3-10　拆蒙皮前准备

（3）电器件拆除后，首先用锤子+錾子配合将蒙皮一角切开，顺势一边用壁纸刀切割，一边用錾子继续切除蒙皮，直至全部切除，或采用角磨机配合切割片完成切除。

（4）如果上述方法很难去除，则再用锤子+錾子配合将蒙皮一角切开后，用等离子切割机在蒙皮上切割圆孔，然后一端用吊带或钢丝绳绕过圆孔绑紧蒙皮，另一端绑在叉车（或类似机械）的脱钩上进行大力拉曳完成切除（需一边拉拽一边用錾子配合剔除），如图3-11所示。

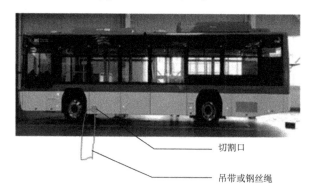

图 3-11　拆蒙皮图

（5）去除蒙皮后，用角磨机进行磨平残胶。

（6）蒙皮拆除后按照第2章：铝蒙皮粘接工艺流程要求进行修复，完成后进行涂装。

4 结语

本文主要介绍了基于客车轻量化要求进行的外饰侧围铝蒙皮设计,同时结合客户对于返修的特殊需求进行的侧围铝蒙皮分块设计,由此进行的侧围铝蒙皮分块粘接工艺方案设计以及对于事故后返修的工艺方案设计。

侧围铝蒙皮在生产过程中工艺流程:蒙皮电泳→清洗剂清洁→刷底涂→打胶粘接及固定→工装脱模;事故后的返修包括铝蒙皮的修整或铝蒙皮更换两种工艺方案。

通过研究侧围铝蒙皮的粘接工艺方案,包括对清洗剂、底涂以及粘接胶工艺参数方面的控制要求;侧围铝蒙皮的返修工艺方案,包括修换蒙皮的作业方法的研究,对于铝合金蒙皮的应用有了更深入的认知和研究,铝合金材料在整车上的应用将有着更广阔的空间。

参 考 文 献

[1] 马数广,等.新能源客车市场发展现状及趋势展望[J].人民公交,2016(2):76-79.
[2] 张则雷,等.大客车构造[M].北京:人民交通出版社股份有限公司,2017.
[3] 申福林,胡选儒,裴志浩,等.客车新技术与新结构[M].北京:人民交通出版社股份有限公司,2016.
[4] 黄天泽,等.汽车车身结构与设计[M].北京:机械工业出版社,1992.
[5] 王野虹,周广运,等.国产飞机蒙皮表面缺陷的修复技术[J].西飞科技,1995(000)002.
[6] 曹斌,徐腾飞,欧阳成,等.粘接工艺在车厢蒙皮中的应用[J].中小企业管理与科技,2016(10):196-197.
[7] 张鑫洲,等.铝蒙皮粘接技术在纯电动客车上的应用[J].经济技术协作信息 2017(14).

双芯屏蔽线与继电器接线方式的改进研究

袁 铮

(珠海广通汽车有限公司,珠海 519040)

摘　要：新能源汽车中很多模块由于电压高、电流大,需要继电器来控制。继电器一般都是控制电源的正极,通常采用正极进继电器盒的方式接线。但如果是多芯线时,这种传统的接线方式使线束布局凌乱,密封效果也欠佳。如果能够把整根线束伸进继电器盒,正极接继电器,负极与屏蔽层通过接线柱短接,这样在不影响继电器电气功能的基础上,走线合理,不占空间,密封圈直接跟圆润的原线外护套结合,密封性能提高。

关键词：新能源汽车;屏蔽线;继电器;接线方式

0　引言

继电器是一种电控制器件,是当输入量的变化达到规定要求时,在电气输出电路中使被控量发生预定的阶跃变化的一种电器,可看成是用小电流去控制大电流运作的一种"自动开关"。[1,2]

客车行业中,继电器应用广泛,如控制器、除霜器、电动机等模块都要用到继电器。继电器的应用使客车中大电流模块运作安全平稳,各公司的继电器结构不同,跟线束的连接方式也不一样[3]。本次案例是基于生产实际,对某款现用的继电器接线方式进行改进。

1　某款车型继电器的现状与困境

1.1　现用继电器接线方式

目前使用的继电器是控制工作电源正极,负极与屏蔽层不进入继电器盒。原理图如图1-1所示。

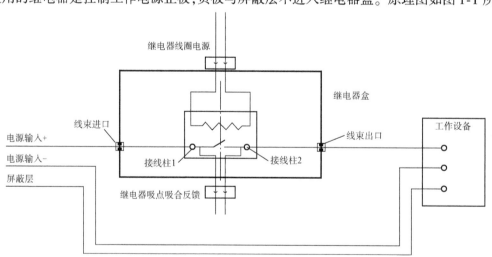

图1-1　继电器盒原理图(改进前)

新能源客车高压电源线束原线通常采用双芯屏蔽线,如$2\times2.5mm^2$、$2\times4mm^2$、$2\times6mm^2$等[4]。线束与继电器盒连接时,分成两路：一路,正极;另一路,负极与屏蔽层。正极进入继电器盒,负极与屏蔽层绕开继电器盒。正极线束在继电器盒里面是断开的,分别接在接线柱1与接线柱2上。为了分离出线束中的正极芯线,需要把双芯屏蔽线截断,正极两端用 OT 端子处理,负极与屏蔽层两端用公母插件(护套)对接。改进前线束图如图 1-2 所示。

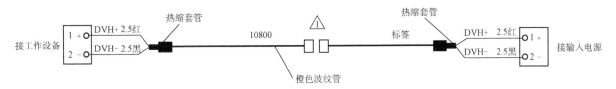

图 1-2　线束图(改进前)

线束对接细节处理:改进前线束图细节如图 1-3 所示。

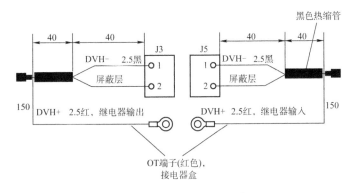

图 1-3　线束图细节(改进前)

1.2　现用继电器接线问题

(1)继电器只搭接线束正极,单芯进入继电器,另一芯与屏蔽层绕到继电器盒外面,布线凌乱。

(2)芯线外径只有 4mm 左右,常用的 OT 端子 M5 接触区外径大约是 8mm。在继电器盒的线束进出口处,如果要密封芯线,那么线束的 OT 端子外径大,很难穿过。先穿线,再压接 OT 端子,在实际装配中,操作不可行,因为压接 OT 端子都是采用专用压接设备,一般都在线束车间完成。[5~7]

2　接线问题解决

2.1　解决方案

针对上述双芯屏蔽线束连接继电器的困境,结合实际生产,对接线方式进行改进。

(1)双芯屏蔽线正负极以及屏蔽层一起穿进继电器盒。正极还是接在继电器两个接线柱(接线柱 1 和接线柱 2)中。负极采用短接,两端压接 OT 端子,搭接到接线柱 4。屏蔽层搭接到接线柱 3,可以跟继电器盒体外壳导通。

(2)双芯屏蔽线($2 \times 2.5 mm^2$)外护套的直径是 10mm 左右,M5 规格的 OT 端子接触区外环直径大约是 8mm,在进出口密封双芯屏蔽线外护套的同时,线束 OT 端子也容易穿过线束进出口密封装置。

(3)屏蔽层与继电器盒金属外壳搭接,继电器外壳可以起到屏蔽作用,降低继电器工作时产生的电磁干扰。[8,9]

改进后的继电器盒原理图如图 2-1 所示。改进后的结束图如图 2-2 所示。

2.2　设计注意的问题

(1)负极接线柱 4 不能与继电器盒导通,以免短路与漏电。

(2)屏蔽层接线柱 3 与负极接线柱 4 在继电器盒中的位置选择要适当,以免继电器盒内预留接线过长导致线束或屏蔽层弯曲,反之,接线太短接不上。

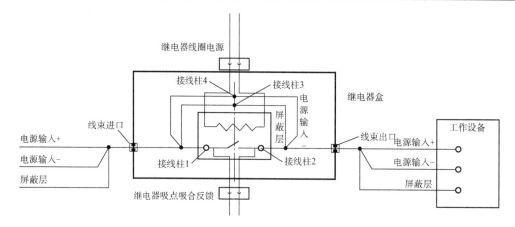

图 2-1 继电器盒原理图(改进后)

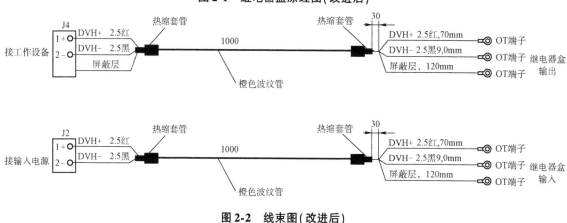

图 2-2 线束图(改进后)

3 结语

汽车电气设备的外形结构千差万别,线束搭接方式迥异,作为整车线束工程师,应该从整车布线出发,力求布线简洁有规律。合理的接线方式不仅能优化线束布局,还能提高电气性能,节省造车成本,提升公司整体技术水平。

参 考 文 献

[1] 张春梅.徐涛新能源汽车混合动力系统整车高压线束设计[J].商用车专刊,1003-8639(2013)-0006-04.
[2] 杨帮文.新型继电器实用手册[M].北京:人民邮电出版社.2004.
[3] 周晓辉.汽车维修从入门到精通[M].北京:化学工业出版社.2018.
[4] 霍焰,王亚东.混合动力和电动车辆用电力电缆的温升和载流量研究[J].汽车电器,2011(12):14.
[5] 胡建华,王莹.车用线束端子压接工艺研究[J].汽车零部件,2010(11):10.
[6] 中华人民共和国汽车行业标准.车用电线束插接器:QC/T 417.1—2001[S].北京:中国计划出版社,2001.
[7] 中华人民共和国汽车行业标准.汽车电线束技术条件:QC/T 29106—2014[S].北京:中国计划出版社,2014.
[8] Tim Williams,李迪,等.产品设计中的 EMC 技术[M].3 版.北京:电子工业出版社,2004.
[9] 张亮.电磁兼容(EMC)技术及应用实例详解[M].北京:电子工业出版社,2014.
[10] 李伟,刘强,等.新款电动汽车构造原理与故障检修[M].北京:化学工业出版社,2018.

法规标准与产品认证

《营运车辆自动紧急制动性能要求和测试规程》(JT/T 1242—2019)与《商用车辆自动紧急制动系统(AEBS)性能要求及试验方法》(GB/T 38186—2019)中自动紧急制动系统(AEBS)测试规程对比分析

吴 攀

(重庆车辆检测研究院有限公司 国家客车质量监督检验中心,重庆 401122)

摘 要:本文从《营运车辆自动紧急制动性能要求和测试规程》(JT/T 1242—2019)与《商用车辆自动紧急制动系统(AEBS)性能要求及试验方法》(GB/T 38186—2019)两个标准中 AEBS 的测试规程出发,分析两个标准在适用范围、一般要求、性能要求、测试方法及测试内容等主要方面的异同点。

关键词:JT/T 1242—2019;GB/T 38186—2019;自动紧急制动系统(AEBS)

0 引言

伴随着汽车行业向高质量发展的转型升级,对汽车的安全要求日益严格,越来越多的主动安全系统在汽车中得到了推广应用。自动紧急制动系统(AEBS)作为一种能有效减少碰撞事故的辅助驾驶系统近些年来得到了相关部门的大力推广。

《机动车运行安全技术条件》(GB 7258—2017)中 4.17.3 条规定"车长大于 11m 的公路客车和旅游客车应装备符合标准规定的车道保持辅助系统和自动紧急制动系统[3]",《营运客车安全技术条件》(JT/T 1094—2016)中 4.1.5 条规定"车长大于 9m 的营运客车应装备 AEBS[4]",《营运货车安全技术条件 第 1 部分:载货汽车》(JT/T 1178.1—2018)中 5.10 规定"总质量大于或等于 12000kg 且最高车速大于 90km/h 的载货汽车应安装 AEBS[5]",《营运货车安全技术条件 第 2 部分:牵引车辆与挂车》(JT/T 1178.2—2019)中 5.6 条规定"最高车速大于或等于 90km/h 的牵引车应安装 AEBS[6]"。上述标准要求覆盖客车、货车、牵引车等三大版块,对于减少公路碰撞安全事故,提高客运货运车辆安全具有重要意义。

2019 年 3 月 15 日,交通运输部发布了《营运车辆自动紧急制动性能要求和测试规程》(JT/T 1242—2019)(以下简称 JT/T 1242)并于 2019 年 4 月 1 日开始实施;同年 10 月 18 日,国家标准公告发布了《商用车辆自动紧急制动系统(AEBS)性能要求及试验方法》(GB/T 38186—2019)(以下简称 GB/T 38186),并于 2020 年 5 月 1 日起实施;上述两个标准明确提出了 AEBS 的具体技术要求及试验方法,本文对两个标准的主要条款内容进行对比,分析其异同点。

1 标准适用范围

GB/T 38186 明确规定了该标准适用于安装有 AEBS 的 M_2、M_3 和 N_1、N_2、N_3 类车辆;而 JT/T 1242 适用于安装了 AEBS、用于营运的道路车辆,其测试规程适用于在封闭场地进行测试。两者均规定装备 AEBS 的车辆应安装符合 GB/T 13594 要求的防抱死制动装置,JT/T 1242 还规定车辆需安装电子稳定性控制系统(ESC)且所有车轮均安装盘式制动器。

2 一般要求

2.1 检测目标

GB/T 38186 中规定的目标障碍物为大批量生产、具有 4 个或以上座位、2 个或 4 个侧门的普通乘用车或能够代表上述特征的代表物体。JT/T 1242 规定 AEBS 能检测到的目标障碍物类型为在公共道路行驶的机动车(乘用车、客货车、机动三轮车等)以及行人,检测目标对象更全,对 AEBS 的障碍物识别功能要求更高。

2.2 预警方式及信号

JT/T 1242 及 GB/T 38186 均规定了当 AEBS 检测到可能与前方目标发生碰撞时,应能向驾驶员提供碰撞预警信号,包含一级、二级碰撞预警,预警方式为声学、光学或触觉信号。其中一级碰撞预警信号至少为触觉或声学信号中的一种,二级碰撞预警信号至少为声学、光学或触觉信号中的两种,JT/T 1242 第 5.3.2 条中表 2 对三种类型预警信号的特征进行了详细说明。

预警信号的产生时刻在两个标准中有所差异:JT/T 1242 中规定一级碰撞预警应最迟在紧急制动阶段开始前 1.4s 产生,二级碰撞预警最迟应在紧急制动阶段开始前 0.8s 产生。GB/T 38186 中对于气压制动系统的车辆,一级和二级预警信号要求最迟在紧急制动阶段开始前 1.4s,对液压制动的 M_2、M_3 类及最大总质量小于或等于 8t 的 N_2 类车辆,一级预警信号为紧急制动开始前 0.8s,二级预警为紧急制动阶段开始前。

3 性能要求

3.1 检测区域

GB/T 38186 对检测区域没有具体的条款要求,JT/T 1242 明确规定 AEBS 在纵向的最小检测距离应不大于 2m,对前车的最大检测距离应不小于 150m,对行人的最大检测距离应不小于 60m;在横向范围内 AEBS 对目标车辆在最大检测距离位置时的最小横向宽度应不小于 3.75m,同时应能在曲率半径不大于 250m 的弯道上检测到目标车辆。

3.2 驾驶员的干预性能

AEBS 作为一种驾驶辅助系统,不能剥夺驾驶员对车辆的最终控制权,所以在发出预警信号后,若驾驶员进行了相应的干预操作,则车辆应遵从驾驶员的指令,而不是继续执行 AEBS 的紧急制动功能。因此,AEBS 需要保证无论在预警阶段或紧急制动阶段,一旦出现驾驶员的干预动作如踏下加速踏板、打开转向灯及其他制造商规定的方式时,应能立刻中断,放弃车辆控制权。JT/T 1242 和 GB/T 38186 对该条款的要求保持一致。

4 测试方法及要求

4.1 静止目标测试

JT/T 1242 中静止目标测试项目中要求测试车辆分别以 80km/h、40km/h 的速度行驶,距离静止目标车辆 150m 时测试开始,驾驶员保持车速,测试车辆与目标车辆发生碰撞或避免碰撞则试验结束。GB/T 38186 中静止目标试验要求测试车辆以 80km/h(或最大设计车速)车速行驶,且距离目标车辆至少 120m 时开始试验,与目标车辆相撞后试验结束。

两者相同之处是对预警阶段、紧急制动阶段的报警信号、速度减小量及紧急制动阶段出现的时间要求相同。不同之处在于 JT/T 1242 中增加了 40km/h 的测试,要求 40km/h 的速度经过紧急制动后应避免两车相撞,且 80km/h 时,通过紧急制动相撞时,测试车辆的减速量应不小于 30km/h,只需有 1 次试验结果满足

5.3.2、5.3.3、5.4.1 及 5.4.2 条款的要求时,即视为通过;而 GB/T 38186 中要求测试车辆与静止目标相撞时,速度下降总额应不小于 10km/h,且排除其他干扰因素后,5 次试验应至少有 3 次满足 4.3.2.1~4.3.2.5 的规定,才视为试验通过。

4.2 移动目标测试

JT/T 1242 中测试车辆以 80km/h、目标车辆以 12km/h 的速度同向行驶,两车距离等于 150m 时开始试验,其通过性判定与静止目标中的 80km/h 的试验项目要求一致。

GB/T 38186 中测试车辆以 80km/h(或最大设计车速)、目标车辆以 32km/h(气压制动)或 67km/h(液压制动)的速度同向行驶,且二者至少相距 120m 时开始试验,在试验结果符合性判定上,增加了紧急制动阶段自车不应与前车发生碰撞,并取消了相撞时速度下降总额的要求。

4.3 其他测试项目

JT/T 1242 和 GB/T 38186 对误响应试验的试验方法及通过性判定基本相同,此外 JT/T 1242 还额外增加了弯道横向识别测试、行人测试以及对 Ⅱ 类 AEBS 系统增加了车路通信测试。

5 总结

本文对 JT/T 1242 和 GB/T 38186 两个标准中自动紧急制动系统(AEBS)的测试规程进行解读,对比分析两个标准在适用范围、一般要求、性能要求、测试方法及测试内容等方面的差异,为装备自动紧急制动系统车辆的道路测试提供参考。

参 考 文 献

[1] 中华人民共和国交通运输行业标准. 营运车辆自动紧急制动性能要求和测试规程:JT/T 1242—2019[S].北京:人民交通出版社股份有限公司,2019.
[2] 中华人民共和国国家标准. 商用车辆自动紧急制动系统(AEBS)性能要求及试验方法:GB/T 38186—2019[S].北京:中国标准出版社,2019.
[3] 中华人民共和国国家标准. 机动车运行安全技术条件:GB 7258—2017[S].北京:中国标准出版社,2017.
[4] 中华人民共和国交通运输行业标准. 营运客车安全技术条件:JT/T 1094—2016[S].北京:人民交通出版社股份有限公司,2016.
[5] 中华人民共和国交通运输行业标准. 营运货车安全技术条件 第 1 部分:载货汽车:JT/T 1178.1—2018[S].北京:人民交通出版社股份有限公司,2018.
[6] 中华人民共和国交通运输行业标准. 营运货车安全技术条件 第 2 部分:牵引车辆与挂车:JT/T 1178.2—2019[S].北京:人民交通出版社股份有限公司,2019.

基于 FIR 低通差分器的 LDWS 偏离车速研究

杨 刚[1], 钟 欣[2], 彭 冲[3]

(1. 重庆车辆检测研究院有限公司,国家客车质量监督检验中心 重庆 401122;
2. 汽车主动安全测试技术重庆市工业和信息化重点实验室,重庆 401122;
3. 电动汽车安全评价重庆市工业和信息化重点实验室,重庆 401122)

摘 要:车辆横向偏离车速的准确计算是汽车车道偏离预警系统(LWDS)测试与评价的前提,针对通过车辆距离车道线的横向距离来计算偏离车速难以准确的问题,本文提出了一种基于 FIR 低通差分器的 LDWS 偏离车速计算方法。利用 MATLAB 建立测试过程中车辆多次和单次穿过车道线工况的仿真模型,通过比较分析 FIR 低通差分法和直接微分法计算的偏离车速,验证 FIR 低通差分法计算的偏离车速的准确度。最后通过试验验证该方法稳定可靠且有效,为汽车车道偏离测试与评价奠定基础。

关键词:车道偏离预警系统;FIR 低通差分器;测试与评价

0 引言

随着近些年汽车产业的高速发展,在行驶过程中出现的交通事故不断增加,其中驾驶员注意力不集中以及操作失误引起行驶车辆偏离车道是造成严重事故的一个关键因素。车道偏离系统(lane departure warning system,LDWS)可以在车辆行驶过程中偏离车道时提醒驾驶员[1],让驾驶员可以采取有效的方式降低发生事故的概率,提高车辆行驶的安全性。随着国家标准 GB/T 26773—2011 和行业标准 JT/T 883—2014 的相继发布,越来越多的车辆配备车道偏离系统,尤其营运车辆[2]。因此,有必要对装有 LDWS 的车辆进行测试研究并进行分析,为国内整车厂和零部件厂的 LDWS 研发测试提供依据。

对信号进行滤波处理去掉干扰频率成分是信号处理的常见方法[3],由于测试试验中采集的数字信号常常混杂有干扰频率,滤波作为信号预处理的方法,是信号准确分析和特征提取中一个重要的环节。FIR 低通差分器是一种较为特殊的 FIR 滤波器,能够较好地提取信号不同时刻的变化率[4,5],并消除信号中存在的高频噪声,所以该滤波器应用广泛。

目前,国内外对车道偏离系统的研究已有很多[6-11],包括对车道偏离系统的试验要求以及试验评价指标存在的问题[12]。但对试验车辆偏离车速信号的计算结果分析较少,并且没有给出较好的解决方案。试验中偏离车速是根据试验采集的车辆距车道线的横向距离来计算,常见的是直接利用微分法求取,但是由于信号中包含高频噪声,直接微分求取会因高频噪声而使计算的速度信号失真,误差较大。基于上述问题,本文利用 FIR 低通差分器来计算偏离车速,去除掉高频噪声信号影响的同时进行微分,让计算结果更加准确。并通过仿真信号和试验信号,验证方法的准确性。

1 FIR 低通差分器的原理

在车辆测试和信号处理时,经常需要计算采集的信号数据在不同时刻的变化率。已知关于时间的函数的信号可以直接求导。对于一个模拟信号,可以采用 R - C 电路近似地实现微分运算。而实际采集的车辆测试信号是关于时间的离散数据,可以采用微分运算来实现。

已知两个离散时间信号 $x(nT_s)$ 和 $y(nT_s)$,可分别将其表示为:

$$x(nT) = x(t)\sum_{n=-\infty}^{\infty}\delta(t-nT) \tag{1-1}$$

$$y(nT) = y(t) \sum_{n=-\infty}^{\infty} \delta(t-nT) \tag{1-2}$$

式中:$\sum_{n=-\infty}^{\infty} \delta(t-nT)$——时域冲击序列,其周期为 T。

此外:

$$y(t) = \frac{dx(t)}{dt} \tag{1-3}$$

$$x(t) = \frac{1}{2\pi} \int_{-\infty}^{\infty} X(\omega) e^{j\omega t} d\omega \tag{1-4}$$

式中:$X(\omega)$——$x(t)$ 的傅里叶变换。

将式(1-3)两边做傅里叶变换并结合式(1-4),可得:

$$\begin{aligned} Y(\omega) &= \int_{-\infty}^{\infty} \left\{ \frac{1}{2\pi} \frac{d}{dt} \left[\int_{-\infty}^{\infty} X(\omega) e^{j\omega t} d\omega \right] \right\} e^{-j\omega t} dt \\ &= \int_{-\infty}^{\infty} \left\{ \frac{1}{2\pi} \left[\int_{-\infty}^{\infty} X(\omega) \left(\frac{d}{dt} e^{j\omega t} \right) d\omega \right] \right\} e^{-j\omega t} dt \\ &= j\omega \frac{1}{2\pi} \int_{-\infty}^{\infty} \left(\int_{-\infty}^{\infty} X(\omega) e^{j\omega t} e^{-j\omega t} d\omega \right) dt \\ &= j\omega \int_{-\infty}^{\infty} \left(\frac{1}{2\pi} \int_{-\infty}^{\infty} X(\omega) d\omega \right) dt \\ &= j\omega X(\omega) \end{aligned} \tag{1-5}$$

式中:$Y(\omega)$——$y(t)$ 的傅里叶变换。

由式(1-5)可知理想的离散信号直接微分,其幅值为原离散信号幅值 $X(\omega)$ 与频率成分 ω 的乘积。所以求导后信号的幅值随频率成分 ω 线性增长,而采集的信号里面都含有噪声,这将会放大高频噪声信号,导致直接对离散信号进行微分计算得到的数据是不准的。

为了进行离散数据的微分,同时去除信号中高频噪声的影响,采用 FIR 低通差分器处理信号。FIR 低通差分器的幅频特性为:

$$H(\omega) = \begin{cases} j\omega & (\omega < f_0) \\ 0 & (其他) \end{cases} \tag{1-6}$$

式中:f_0——FIR 低通差分器的截止频率。

2 仿真计算与分析

2.1 多次穿过车道线分析

试验中为了验证车道偏离的有效性,车辆会在一个工况下多次穿过车道线。为有效模拟实车在测试过程中的数据模型,采用在无噪声仿真信号中加入高斯白噪声的方式来模拟实车测试过程中车道偏离速度的数学模型。这里先分析无噪声仿真信号,再加入高斯白噪声对所研究方法的抗噪性进行分析,以确认所提方法的有效性。

2.1.1 数学模型建立及仿真分析

首先分析无噪声仿真信号。根据实际车辆在试验过程中距离车道线的距离,构造车轮胎距离车道线的距离信号 $x(t)$ 和其导数 $x'(t)$ 为:

$$x(t) = 3\sin(2\pi 2t) + \sin(2\pi 4t) \tag{2-1}$$

$$x'(t) = 12\pi\cos(2\pi 2t) + 8\pi\cos(2\pi 4t) \tag{2-2}$$

仿真为了和实际试验的信号一致,设置信号采样频率 f_s 设置为 100 Hz。将得到的仿真信号进行傅里叶变换,得到位移的幅值谱,不含噪声仿真信号的时域和幅值谱图如图 2-1 所示。由位移的幅值谱可以看到信号的频率成分是 2Hz 和 4Hz,为后面设计 FIR 低通差分器阻带频率和通带频率提供依据。

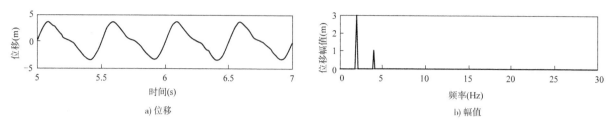

图 2-1　不含噪声仿真信号位移时域图和幅值谱

2.1.2　数据计算与分析

由于位移信号不含有噪声,可以直接对信号进接微分得到偏移速度的数据,如图 2-2 所示。由图 2-2 可知,位移图中圆圈代表当位移取极值的点,在速度图中这些点速度接近零。而实际速度的误差如图 2-3 所示,信号最大误差接近 6m/s,计算的结果与式(2-2)中 $x'(t)$ 相减后除以 $x'(t)$ 为绝对误差,绝对误差较大,最大误差接近 0.17。

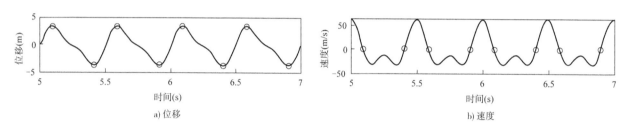

图 2-2　不含噪声仿真信号直接微分位移和速度图

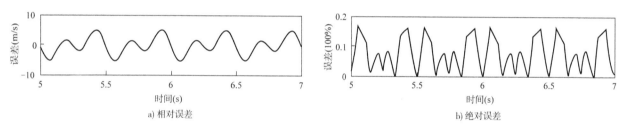

图 2-3　直接微分法计算与 $x'(t)$ 的误差(无噪声)

为了贴近真实的数据,在原仿真信号中加入信噪比为 30dB 的高斯白噪声,再通过直接微分法得到偏移速度的数据,如图 2-4 所示。根据图形可知,得到的速度波动较大,主要是原位移信号的高频噪声影响的结果。

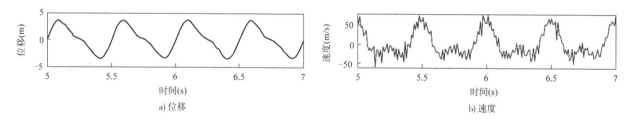

图 2-4　含噪声仿真信号直接微分位移和速度图

将加了噪声的位移信号进行离散数据微分的同时,又去除掉信号高频信号的影响,采用 FIR 低通差分器。由图 2-1 信号的频谱图可知信号实际有用的成分的频率为 2Hz 和 4Hz,所以设计的 FIR 低通差分器通带频率为 4.5Hz,阻带频率为 6Hz,差分器阶数为 500。得到的结果如图 2-5 所示,得到的速度信号在位移信号为极值(图中圆圈处)时其值接近零。计算的速度与 $x'(t)$ 的相对误差和绝对误差分别如图 2-6 和图 2-7 所示,从相对误差图可知,FIR 低通差分法计算的相对误差只有 1m/s,而直接微分法计算的误差有 28m/s,可见 FIR 低通差分法在处理仿真信号时比直接微分法要误差更小。FIR 低通差分法计算得到的最大绝对误差只有 4%,误差较小,而直接微分法最大绝对误差有 130%,结果误差较大。

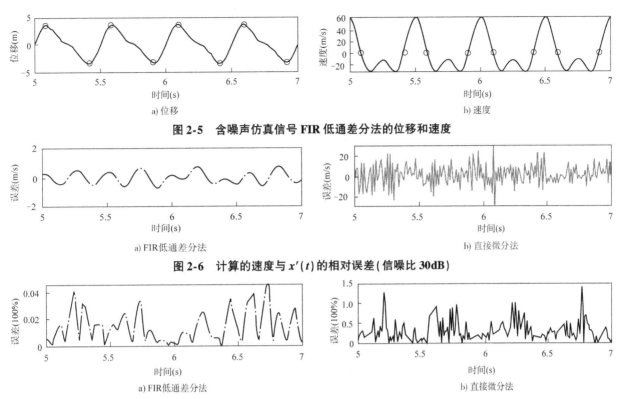

图 2-5 含噪声仿真信号 FIR 低通差分法的位移和速度

图 2-6 计算的速度与 $x'(t)$ 的相对误差（信噪比 30dB）

图 2-7 计算的速度与 $x'(t)$ 的绝对误差（信噪比 30dB）

在原仿真信号中加入信噪比为 50 dB 的高斯白噪声,将得到的信号分别通过直接微分法和 FIR 低通差分法计算速度,绝对误差如图 2-8 所示。结合图 2-7 和图 2-8 可知,当信号中噪声较小时,FIR 低通差分法得到的偏离车速信号最大误差只有 0.007,而此时直接微分法最大误差为 0.2,准确度较低。由信噪比不一样的仿真信号进行对比,可证明 FIR 低通差分法处理仿真信号比直接微分法的误差更小,能够去掉原位移高频噪声信号的影响,得到更加准确的速度。

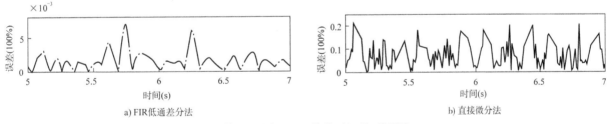

图 2-8 计算的速度与 $x'(t)$ 的绝对误差（信噪比 50dB）

2.2 单次穿过车道线

试验中经常以恒定车速直接偏离车道线,为了模拟该工况,构造仿真信号 $x(t)=3t$,采样频率为 100 Hz,在信号中加入高斯白噪声,信噪比为 50dB。信号对应的导数为 $x'(t)=3$,分别用直接微分法和 FIR 低通差分法计算偏离车速,分别如图 2-9 和图 2-10 所示。由图可知,FIR 低通差分法得到的速度与真实速度 3 m/s 误差很小,而直接微分法计算得到的速度误差较大,最大误差到达 1 m/s,并且信号中含有很多高频的噪声。

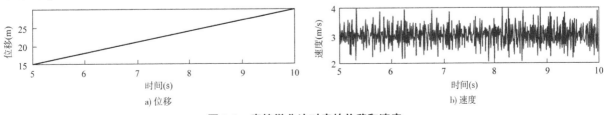

图 2-9 直接微分法对应的位移和速度

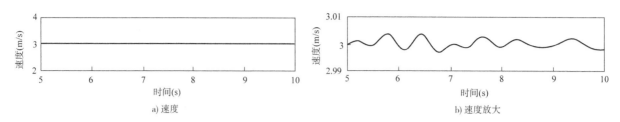

图 2-10 FIR 低通差分法对应的速度及速度的放大图

3 试验测试及算法验证

3.1 试验测试

在做车道偏离测试试验时,按照标准 GB/T 26773—2011 要求,分为弯道测试试验和直道测试试验。弯道试验是在车辆以某一稳定车速在弯道中行驶,以左右两侧的分别为 0~0.4 m/s 和 0.4~0.8 m/s 的偏离速度偏离。直道试验是车辆以稳定车速在直道上行驶,以左右两侧的分别为 0.1~0.3 m/s 和 0.6~0.8 m/s 的偏离速度偏离。试验要求测试车辆的报警信号应该在车道线内 0.75 m 至车道线外 1 m 间报警。

车道偏离试验较难的地方在于控制好车辆的偏离车速,该试验对驾驶员要求较高。此外,由于偏离车速是一个指定的较小区间,所以计算的偏离车速必须准确。而当前的测试设备只能测到车辆距离车道线的横向位移,需要根据偏移距离来计算车辆和车道线的偏离车速。

基于实车测试对 FIR 低通差分法的准确性进行验证,试验仪器包括:牛津 RT3002 + GPS 差分基站(该设备的精度到达厘米级),AVAD3 声光采集系统(该设备可采集 0~5kHz 频段的声音),试验设备如图 3-1 所示。试验的直道测试在重庆机动车强检试验场的性能路进行,弯道试验在重庆机动车强检试验场的动态广场进行。信号采样频率 f_s 设置为 100Hz。

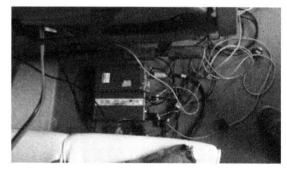

图 3-1 试验设备

3.2 试验数据计算与分析

试验对装有 LDWS 的某客车进行测试,采集车辆距离车道线的位移,分别采用 FIR 低通差分法和直接微分法计算偏离车速,得到的数据如图 3-2 和图 3-3 所示。由图可知,直接微分法计算的偏离速度有很大的噪声,数据的波动有 0.15 m/s,对数据的影响很大,而 FIR 低通差分法计算的结果较准确,在位移为峰值的地方,对应的速度接近零,曲线光滑,准确度高。

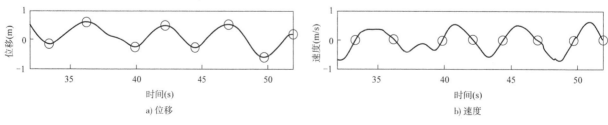

图 3-2 FIR 低通差分法计算的位移和速度(试验)

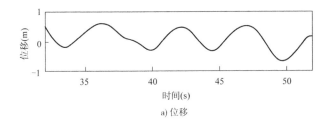
a) 位移

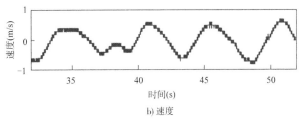
b) 速度

图 3-3　直接微分法计算的位移和速度(试验)

4　结语

(1)建立了与试验信号形式相同的仿真信号,分别通过 FIR 低通差分法和直接微分法计算速度,并与给定速度值进行对比分析。处理信噪比为 30dB 的仿真信号,结果表明 FIR 低通差分法处理含噪信号时比直接微分法误差更小,能够去掉原位移中高频噪声的影响,得到更加准确的速度。

(2)通过对某客车的 LDWS 实车试验,分别采用 FIR 低通差分法和直接微分法计算偏离车速,FIR 低通差分法计算的车速准确度高,噪声较小,直接微分法计算的偏离速度有很大的噪声,数据的波动大,验证了 FIR 低通差分法的有效性。

参 考 文 献

[1] 于照晨.车道偏离预警系统的研究[J].无线互联科技,2014(02):150.
[2] 牛成勇,苏占领,吴昆伦,等.客车 LDWS 与 FCWS 性能测试研究[J].客车技术与研究,2019,41(02):47-51.
[3] Yang X Q,Ding K,He G L. Accurate separation of amplitude-modulation and phase-modulation signal and its application to gear fault diagnosis[J]. Journal of Sound and Vibration,2019,452:34-50.
[4] 刘国福,张玘,王跃科.基于 FIR 滤波器的 ABS 轮加速度信号计算方法研究[J].武汉理工大学学报(交通科学与工程版),2006(05):902-904.
[5] 王志群,朱守真,周双喜.用于处理电能质量信号的最优低通差分器的研究[J].电网技术,2004(16):7-13.
[6] 高艳,高奥,齐国巍,等.基于 HIL 的车辆道路偏离预警系统测试及评价方法[J].汽车文摘,2019(09):31-35.
[7] Yin X L,Zhang J D,Wu X G,et al. An improved lane departure warning algorithm based on fusion of F-Kalman filter and F-TLC[J]. Multimedia Tools and Applications,2019,78(9).
[8] Wang X Y,Cheng Y. Lane departure avoidance by man-machine cooperative control based on EPS and ESP systems[J]. Journal of Mechanical Science and Technology,2019,33(6).
[9] 罗传东.基于 HIL 台架的 LDW 测试研究[J].汽车实用技术,2019(24):52-54.
[10] 张云龙,刘全周,唐风敏,等.基于 Prescan 的智能汽车车道偏离预警系统研究[J].时代汽车,2019(17):29-30.
[11] 郭烈,葛平淑,夏文旭,等.基于人机共驾的车道保持辅助控制系统研究[J].中国公路学报,2019,32(12):46-57.
[12] 徐建勋,游国平,丁良旭,等.客车车道偏离报警系统性能测试与评价[J].客车技术与研究,2017,39(03):46-49.

客车检测与实验技术

车道线边缘检测仿真研究

蔡鹏飞

(重庆车辆检测研究院有限公司 国家客车质量监督检验中心,重庆 401122)

摘 要:为探究车道线检测中边缘检测算子的识别性能,阐述了Sobel算子、Robert算子、Prewitt算子、LOG算子、Canny算子等的理论依据,仿真计算了各种算子的准确性、抗噪性,并分析了各算子的优缺点,为车道线边缘检测算子选择及新算法的研究提供了参考依据。

关键词:车道线识别;边缘检测;算子

0 引言

高级驾驶辅助系统(ADAS)作为自动驾驶车辆的基本配置已得到广泛应用。车道线检测技术是ADAS中的一项关键技术,准确识别车道线能够实现ADAS系统及时预警,有效防止车道偏离,对于自动驾驶车辆技术发展具有重要意义。车道线检测方法主要有基于特征和基于模型两种,基于特征的车道线检测方法主要是利用车道线与道路区域灰度值的差异等特征提取车道线,该方法由于无须获得道路的几何模型信息,在机器视觉领域有广泛的应用前景[1-4]。车道线边缘检测主要通过边缘检测算子计算图像梯度,进而得到目标边缘,常用的边缘检测算子包括Sobel算子、Robert算子、Prewitt算子、LOG算子、Canny算子等。本文阐述了各种边缘检测算子的计算公式,在此基础上分析了各算子对车道线的识别性能,为车道线边缘检测算子的选择及车道线精准识别理论研究提供了参考。

1 边缘检测算子

1.1 Sobel算子

Sobel边缘检测算子是一种梯度计算,通过3×3模板对图像每一像素做灰度加权计算,得出整个图像的梯度分布,从而可提取车道线等边缘特性。Sobel算子包含水平方向和垂直方向两个模板算子,如式(1-1),对于输入图像$f(x,y)$,利用式(1-2)分别计算两个方向的梯度值,从而可计算出图像各像素点的梯度值∇。

$$G_x = \begin{bmatrix} -1 & -2 & -1 \\ 0 & 0 & 0 \\ 1 & 2 & 1 \end{bmatrix} \quad G_y = \begin{bmatrix} -1 & 0 & 1 \\ -2 & 0 & 2 \\ -1 & 0 & 1 \end{bmatrix} \tag{1-1}$$

$$\begin{cases} \nabla_x = f(x+1,y-1) + 2f(x+1,y) + f(x+1,y+1) - f(x-1,y-1) - \\ \quad 2f(x-1,y) - f(x-1,y+1) \\ \nabla_y = f(x-1,y+1) + 2f(x,y+1) + f(x+1,y+1) - f(x-1,y-1) - \\ \quad 2f(x,y-1) - f(x+1,y-1) \end{cases} \tag{1-2}$$

$$\nabla = \sqrt{\nabla_x^2 + \nabla_y^2} \tag{1-3}$$

式中:G_x、G_y——水平方向、垂直方向的模板;

∇_x、∇_y——$f(x,y)$在(x,y)水平方向、垂直方向上的梯度值。

1.2 Robert算子

Robert算子利用局部差分计算寻找图像边缘,通过2×2的模板对图像每一像素做卷积运算,其模板算子如式(1-4)所示,图像梯度计算公式如式(1-5)所示。

$$G_x = \begin{bmatrix} -1 & 0 \\ 0 & 1 \end{bmatrix} \quad G_y = \begin{bmatrix} 0 & -1 \\ 1 & 0 \end{bmatrix} \tag{1-4}$$

$$\nabla = \sqrt{[f(x,y) - f(x+1,y+1)]^2 + [f(x,y+1) - f(x+1,y)]^2} \tag{1-5}$$

1.3 Prewitt 算子

Prewitt 算子和 Sobel 算子类似,其计算模板如式(1-6)所示:

$$G_x = \begin{bmatrix} -1 & 0 & 1 \\ -1 & 0 & 1 \\ -1 & 0 & 1 \end{bmatrix} \quad G_y = \begin{bmatrix} -1 & -1 & -1 \\ 0 & 0 & 0 \\ 1 & 1 & 1 \end{bmatrix} \tag{1-6}$$

图像任一点水平方向和垂直方向的梯度公式为式(1-7)。

$$\begin{cases} \nabla_x = f(x+1,y-1) + f(x+1,y) + f(x+1,y+1) - f(x-1,y-1) - \\ \qquad f(x-1,y) - f(x-1,y+1) \\ \nabla_y = f(x-1,y+1) + f(x,y+1) + f(x+1,y+1) - f(x-1,y-1) - \\ \qquad f(x,y-1) - f(x+1,y-1) \end{cases} \tag{1-7}$$

再对 ∇_x、∇_y 进行平方和的开方运算即得图像梯度分布。

1.4 LOG 算子

LOG 算子原理是先对图像进行平滑处理,即通过高斯函数和原始图像做卷积运算,再用拉布拉斯算子计算平滑后图像的梯度。其中高斯函数如式(1-8)所示,图像处理后的梯度公式如式(1-9)所示。

$$H(x,y) = \frac{1}{2\pi\sigma^2} \exp\left(\frac{x^2 + y^2}{2\sigma^2}\right) \tag{1-8}$$

$$\nabla = [\nabla^2 H(x,y)] * f(x,y) \tag{1-9}$$

式中:∇^2——拉普拉斯算子;
　　　$*$——卷积运算。

1.5 Canny 算子

Canny 算子基本思想是先采用高斯函数对图像进行平滑处理,再利用非极大值抑制和双阈值检测来计算图像的边缘特征。其中高斯函数如式(1-10)所示,图像经高斯函数平滑后,可得其梯度大小 ∇ 及方向 θ:

$$\nabla = \|f(x,y) * \Delta H(x,y)\|$$
$$\theta = \frac{f(x,y) * \Delta H(x,y)}{\|f(x,y) * \Delta H(x,y)\|} \tag{1-10}$$

在 θ 方向上使得 ∇ 取局部极大值的点即为图像边缘点。

2 车道线识别仿真分析

为分析上述五种边缘检测算子对车道线的识别性能,利用各算子对同一图像进行仿真计算,车道线边缘检测结果如图 2-1 所示。其中,图 2-1a)为车道线灰度图,图 2-1b)~f)分别为采用 Sobel 算子、Robert 算子、Prewitt 算子、LOG 算子、Canny 算子识别的车道线。结果显示,Sobel 算子能够较准确地识别车道线,识别的车道线边缘连续,未出现虚假边缘。Robert 算子、Prewitt 算子和 Sobel 算子识别结果相似,均保留了较为完整的车道线边缘信息。LOG 算子识别结果出现部分虚假边缘,同时包含部分路面信息,Canny 算子识别结果除车道线特征外,检测了大量道路边缘信息。LOG 算子和 Canny 算子虽保留了丰富的场景信息,但其检测结果对感兴趣区域造成干扰,不利于车道线的精准识别。

图 2-1 是在道路场景较为单一且未受噪声污染时的检测结果,而实际上,道路信息复杂,场景内容丰富,

且包含雨、雪、扬尘颗粒物等图像噪声信息。椒盐噪声是一种典型的图像噪声,噪声点像素与其相邻的像素差别较大,在图像上形成黑白点分布[5],能够有效模拟雨、雪、扬尘颗粒物等图像噪声。为分析图像噪声对各算子的影响,在原图中添加椒盐噪声,并进行车道线识别,识别结果如图 2-2 所示。可以看出,图 2-2b) Sobel 算子识别结果清楚显示了噪声信息,但车道线轮廓较为准确,仍能清楚分辨,车道线连续性好。图 2-2c) Robert 算子识别结果模糊,受噪声干扰较大,丢失了部分车道线边缘信息。图 2-2d) Prewitt 算子受噪声干扰,车道线识别粗糙,未检查出车道线部分细节信息,检测精度不高。图 2-2e) LOG 算子和图 2-2f) Canny 算子很好地保留了图像部分细节信息,但对噪声较敏感,均产生了部分伪边缘,对车道线的检测造成较大干扰。

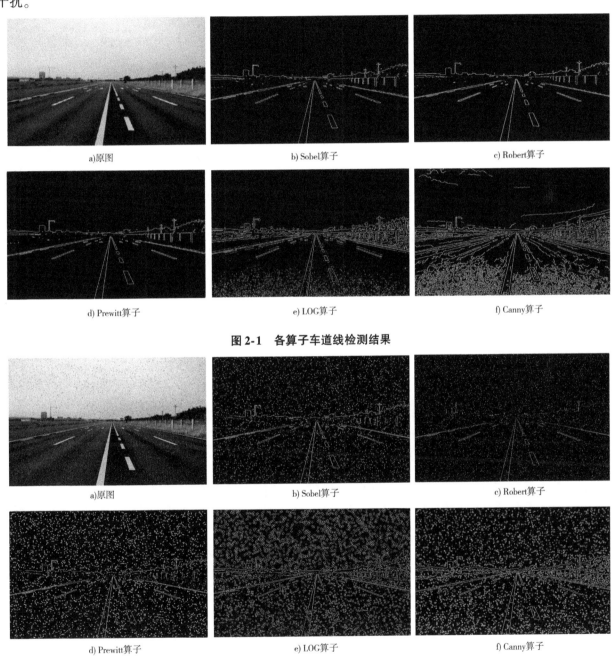

图 2-1 各算子车道线检测结果

图 2-2 加入椒盐噪声后的检测结果

3 结语

综合仿真分析,结果表明,Sobel 算子具有较好的识别效果,车道线连续性较好,且图像噪声对车道线识别结果影响较小;Robert算子和Prewitt算子具有类似的识别性能,但对噪声敏感;LOG算子和Canny算子能识别道路场景细节信息,但在存在较多图像噪声时不利于对感兴趣目标的提取。选择识别性能优异的边缘检测算子对车道线精准识别具有重要意义,本文通过仿真研究了常用边缘检测算子的识别性能,为算法选择及新算法的研究提供了参考依据。

参 考 文 献

[1] 刘军,冯荣达,赵吉宾,等.基于机器视觉的车道线检测研究[J].电子世界,2019,(21):89-90.
[2] 范延军.基于机器视觉的先进辅助驾驶系统关键技术研究[D].南京:东南大学,2016.
[3] 毛世榕,胡桂明,胡进.基于机器视觉的车道线检测算法[J].装备制造技术.2011,(9):59-61.
[4] 王荣本,游峰,崔高健,等.基于计算机视觉高速智能车辆的道路识别[J].计算机工程与应用.2004,(26):18-21.
[5] 王文豪,高尚兵,周静波,等.图像中椒盐噪声去除算法研究[J].数据采集与处理.2015,30(5):1091-1098.